3択! イメトレ英会話

英語を、話そう。

　突然ですが、あなたがこれまでに**「英語を実際に話した時間」**は、どれくらいでしょうか？

　スパルタ英会話の教室にお越しになる生徒さんには、英語の筆記試験で高得点が出せるほどの英語力があるのに、「いざとなると話せない」という方が多くいらっしゃいます。英語学習にたくさん時間を割いているのに、なぜ話せるようにならないのでしょうか。それは、**「話す練習」**にかける時間が足りていないからだと私たちは考えています。

　英語とは言語であり、1つのコミュニケーションツールです。そのため、「会話相手を目の前にして英語で会話する場をたくさん経験すること」以外に、「英語を話せるようになる」トレーニングはありません。実践する中で、「実際に会話で使われている表現」を徐々に習得し、「実際に伝わった！」という成功体験を重ねることで、やがて本当の英会話力として定着していきます。

　こうした考えをもとに2014年にスパルタ英会話は設立されました。「3ヶ月で英語が話せるようになるスクール」として、これまでのべ2,000名以上の卒業生を送り出してきました。皆さんが英会話を習得したい理由は様々ですが、「とにかく話せるようになりたい」と、「実践的な英会話学習」を求めてやって来られます。

「実際に話してみたいけど、どうやって話せばいいのか分からない！」
「教科書のような英語じゃなくて、もっとナチュラルに話せるようになりたい！」

　このような要望に応えるべく、「実際に話すこと」にこだわっています。本書では、レッスンに来られない方にも、そうした悩みの解決の糸口を知ってもらいたいと思い、スパルタオリジナルの学習メソッドを詰め込みました。

○「実際に話す」ために必要なこととは？

「実際に話す」といっても、ただやみくもに外国人を捕まえて話しかけてみても、有効な経験は得られません。「実際に話す」ための準備として、次のようなことが必要です。

① 実際に会話する場面を具体的にイメージすること
② 型どおりの答えではなく「自分に合った」答えを準備すること
③ 声に出して反復練習すること

本書では特に①②にアプローチしています。

① 実際に会話する場面を具体的にイメージする

単語やフレーズを覚える際に、自分がそれらを使って話している場面をできるかぎり具体的に想像することが大切です（会話相手として、外国人の友人など特定の人物が思い浮かべられるとなお良いです）。**自分が話しているイメージを持っておくと、実際に似た場面に遭遇した時に「すでに経験したこと」として、冷静に対応することができます。**また、具体的なイメージとともに覚えておくことで、記憶に定着する効果もあります。

本書では、具体的な**イメージトレーニング**を行っていただくために、**読者の『あなた目線』のイラストを使った4コマ仕立てのダイアログ（4コマ・ダイアログ）**を用意しました。イラストの人物があなたに話しかけてきますので、その会話相手としてダイアログを体験してください。場面設定は「日本に住んでいる学習者の方が、普段の生活の中で遭遇しそうなシチュエーション」をできるかぎり選びました。「いつか海外に行った時」ではなく、イラストの人物を自分の周りの友人や同僚に置き換えて、すぐにでも使えると感じていただけると思います。

② 型どおりの答えではなく「自分に合った」答えを準備する

いわゆる「教科書どおりの英語」を暗記するのではなく、**「自分の英語レベル」や「自分の好み」に合った英文を準備しておく**ことをおすすめします。覚えた型どおりのフレーズを反射的に言うのは、コミュニケーションとは言えません。たとえ多少間違っていようと、「自分の言葉」で伝えることを意識しましょう。

本書の**「4コマ・ダイアログ」**では、「あなた」の発言が3つの返答から選べるコマが設定されています。この**3択回答**は全て日本語で記載していますので、

自分が回答したいものを選び、英語に置き換えてみてください。3択回答は英文の語彙や文型の難易度、文章の長さ、発言内容を考慮して設定してあります。

　ここで注意したいのは、完璧な英訳が作れるかどうかが重要なわけではないということです。**場面の具体的なイメージを持ちながら、こんな話題になったら自分はどう言いたいのか、そしてそれを自分は英文に置き換えられるかどうかを試す場**だと考えてください。もちろんすっと英語にできればOKですが、わからなければページをめくって英文を見て、それが「自分に合った」ものだと確認できれば、もう一度ダイアログに戻って、練習しましょう。

　なお、この本に登場するフレーズは、スパルタ英会話の現役ネイティブ講師と日本人バイリンガル講師が「これは実際に使う」「耳にする」という表現のみを厳選しています。

　具体的なイメージトレーニングができ、自分に合った答え方が準備できたところで、さらにその英語を「使える」「通じる」ものにするため、発音にも少し気を付けたいですね。本書では、**オリジナルの発音表記方法**を用いて、発音を示しています。カタカナとアルファベットを使って、実際の発音により近い自然な発音を分かりやすく表記することを可能にしました（詳しくはp.10）。自学自習でも、音声を聞き、この表記を使って発音練習することで、ネイティブにも伝わる発音に矯正できるはずです。

　それでは、「4コマ・ダイアログ」を使ったイメージトレーニングをぜひ始めていきましょう。

　英語を、話そう。

　英語を「学ぶ」時間はいったん終わり。ここからは、あなたが実際に「話す」準備に入りましょう。

スパルタ英会話　一同

もくじ

CHAPTER 4 Making Suggestions   提案する ············· 165

本書の使い方

　本書は「4コマ・ダイアログ」を使って、英語で会話する場面のイメージト レーニングを行うための本です。Chapter 1〜4 の4章で構成されています。

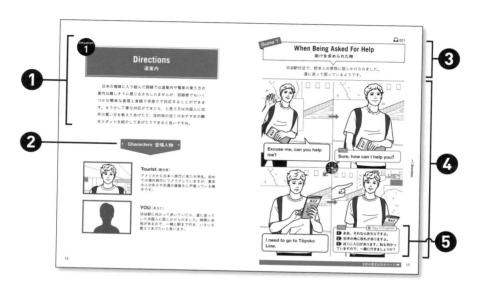

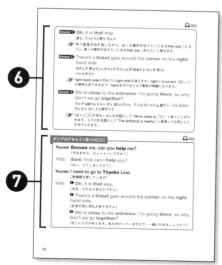

❶ Situation（1〜16）

4コマ・ダイアログ（❹）の状況設定を確認しましょう。

❷ Characters 登場人物

登場人物の設定を確認しましょう。"YOU" は読者のあなたのことです。外国人の登場人物は、スパルタ英会話の外国人講師をモチーフにしています。

❸ Scene

1つのSituationにつき、Scene 1〜5の5つの4コマ・ダイアログ（❹）が用意されています。どんな場面の会話なのか確認しましょう。

❹ 4コマ・ダイアログ 🎧

1〜4コマを順に見ていき、登場人物との英会話シーンを体験しましょう。

1コマめ：外国人があなたに話しかけてきます。
2コマめ：あなたが答えます。
3コマめ：さらに外国人が何か話します。
4コマめ：あなたは3つの日本語フレーズのうち、1つを選び英文にして答えます。（3択回答❺）

※2コマめ、3コマめが3択回答（❺）になっているダイアログもあります。

❺ 3択回答

Answer 1：リアクション（相づちや感嘆表現中心の短いフレーズ）（低）
Answer 2：シンプルな答え（比較的簡単なフレーズ）　　　　　英文の難易度
Answer 3：丁寧な答え（返答＋会話を広げるフレーズ）（高）

❻ 3択回答の英訳例・発音表記・解説 🎧

英訳例を確認し、オリジナル発音表記を見ながら、発音練習をしましょう。また解説を読み、他のパターンの英訳例や注意すべきポイントも確認しましょう。

❼ ダイアログをもう1度CHECK！ 🎧

3択回答を含むダイアログのすべての英文と意味をここでもう一度確認しましょう。意味が確認できたら、❹の4コマ・ダイアログに戻り、再度イラストを見ながら会話を体験し、繰り返し「イメトレ」しましょう。

❽ コラム（全16）🎧

英会話に関するちょっとした知識やアドバイスを紹介しています。

　この本に登場する英文の発音の表記には、**カタカナとアルファベットを組み合わせたスパルタ英会話独自の方法**を用いています。「カタカナ表記だと、実際の音との違いが大きい」「発音記号は読めない」という学習者の声をもとに講師が考案したものです。

　例）**I** think studying **English** is **important**.
　　アィ thインk sタディン g **イン**グリッシュ イ z イ n **ポータン** t

この発音表記のポイントは以下の２つです。
- ・日本語の音に近い音はカタカナ、英語独特の音はアルファベットで表記
- ・強めに発音すべきところを太字で表記

　例えばthinkという単語。これをカタカナのみで表記しようとすると「シンク」または「スィンク」となりますが、thiの音は「シ」でも「スィ」でもありません。また、kの音は「ク」ではありません。そこで、アルファベットを組み合わせて「thインk」と表記。あとは**表記どおりに読むだけで自然と発音ができます**。また、太字部分を強めに読むことで、イントネーションもつけられるようになっています。

〈注意点〉
1. アルファベットの部分は音声を聞いて音を確かめる
　例えばthinkの最後の子音kの音は、前述のとおり「ク（ku）」ではありません。**日本人の英語がなかなか外国人に伝わらない一因は、「全ての音に母音（a, i, u, e, o）が入ってしまうこと」**です。kの場合は母音uを入れてしまわないように、「k」の子音のみを発音するようにしてください。このように、アルファベットで表記されているところは「日本語とは違う音」という意識を持って発音するように心がけてください。アルファベットの音に自信がない方は、まず音声を聞いて音を確かめてから取り組むようにしましょう。

2. イントネーションを大事にする
　ネイティブはフレーズを話す際、「特に伝えたい情報」を強調するために高めのトーンで話し、それ以外の単語は低めのトーンで強弱をほぼ付けずに「流して」話します（つまり単語１つ１つのアクセントより文全体のイントネーションを重視）。これがいわゆるイントネーション（抑揚）です。スパルタ式の発音表

記では、**太字の部分を「強くゆっくり」読む**ことで、自然なイントネーションがつけられるようになっています。

　最後にお願いがあります。この発音表記方法では、残念ながら以下の音は表現しきれていないため、音声を聞いて注意して読むようにしてください。

〈rとlの違い〉
　read ／ lead
　→ どちらも<u>リー</u>dと表記。
　※両者とも表記は同じですが、rはいわゆる巻き舌で、lは日本語の「リ」
　　に近い発音となります。

〈巻き舌〉
　Require
　<u>リ</u>kアイ<u>ヤー</u>
　発音表記に起こす場合は、<u>ヤー</u>としていますが、実際は「ヤー」と「ラー」の中間のような音です。rを発音するときのように、舌を上の歯の裏に近づけた状態のまま、少し強めに息を吐き出すイメージです。

　以上を踏まえながら、ぜひスパルタ英会話オリジナルの発音表記を使って発音練習をしてみてください。

　スパルタン・ツイスター（SPARTANGUE Twister）は、生徒さんに好評の**スパルタ英会話オリジナルの発音練習**です。

　その内容は**「正しい発音と抑揚で、20のフレーズを20秒（＝1フレーズ1秒）で言えるまで繰り返し声に出す」**というシンプルなものですが、この発音練習には次のような利点があります。

スパルタン・ツイスター ＝ 早口言葉 × フレーズ習得

- 一般的な早口言葉（tongue twister）とは違い、実際の会話でよく使うフレーズを用いる
- 速く発音できるようにするために繰り返し口に出すことで、自然と記憶に残る
- 定期的に続けることで、練習したフレーズが必要なときにスッと口から出る
- 早口言葉のように楽しみながら学習できる

　実際の会話でよく使うフレーズとは、「比較的短い」「使用頻度が高い」「ネイティブが口癖のように使う」、つまり「すぐに使える」フレーズのことです。

　例）
What's going on?　（どうしたの？）
That's my point!　（そういうことです！）
No doubt.　（間違いないね）
That sounds great!　（すごく良さそう！）
I'd love to!　（ぜひそうしたいです！）

　今回は特別バージョンとして、この本の、4コマ・ダイアログに登場するフレーズの中から特に重要なものを厳選し、テーマごとに6つのスパルタン・ツイスターとして用意しました。本書学習の仕上げとして、ぜひ取り組んでみてください（詳細はp.216をご覧ください）。

Enjoy twisting with Spartan's!

音声のご利用方法

　本書の全ダイアログ、コラム内の英文の音声は、以下の方法で無料でご利用いただけます（音声が収録されている箇所にはトラック番号を記載しています）。

❶ abceedアプリ（スマートフォンの場合）

〈画面イメージ〉

本書の音声は、abceedアプリ（Android / iOS 対応）を使ってお聞きいただけます。下記より、アプリをダウンロードし、画面下の「見つける（虫メガネのアイコン）」タブをタップして、本書タイトルを検索してください。表示された書影をクリックし、音声の項目を選択すると、音声一覧画面へ遷移します。

倍速再生など、学習に便利な機能付き！

※アプリの詳細は、www.abceed.com にてご確認ください。

 ダウンロードはこちらから

https://www.abceed.com/

abceed は株式会社 Globee の商品です。

▶ **アプリについてのお問い合わせ先**
info@globeejp.com
（平日 10：00～18：00）

❷ 弊社ホームページ（PCの場合）

　下記URLより弊社（株式会社オープンゲート）のホームページの本書のご案内ページにアクセスし、「パソコンへのダウンロードはこちら」よりダウンロードしてください。

https://openg.co.jp/978-4-9910999-9-1/

▶ **お問い合わせ先**
　株式会社オープンゲート　TEL：03-5213-4125（受付時間：平日 10：00～18：00）

デジタルコンテンツのご利用方法

　スパルタ英会話ホームページ内に特設のデジタルコンテンツを用意しています。下記URLまたはQRコードよりアクセスしてください（2020年7月よりサービス開始予定）。スマートフォン、PC、タブレット等からご利用いただけます。

> 〈コンテンツの内容〉
> ・すべての4コマ・ダイアログの英文の音声とオリジナル発音表記
> ・コラムに登場する英文の音声とオリジナル発音表記
> 　→音声を再生し、発音表記を見ながら、発音練習ができます。

　本書内では一部の英文にのみオリジナル発音表記を記載しておりますが、<u>オンライン上ではすべての英文の発音表記をご覧いただけます。</u>

〈画面イメージ〉

アクセスはこちらから

https://3-image-training.spartan-english.jp

▶お問い合わせ先
スパルタ英会話　☎0120-954-267
（受付時間：平日10：00〜21：00 土日祝 10：00〜18：00）

　なお、こちらは、本書をご購入いただいた方のみがご利用いただける特典サイトとなっております。アクセスの際、IDパスワードの入力が必要です。ユーザ名は「sparta」、パスワードは**「本書ISBNコードの下4ケタ」**です（ISBNコードは本書奥付（p.224）に記載の13ケタの番号）。

Helping Someone in Trouble

困っている人を助ける

Directions
道案内

　日本の複雑に入り組んだ路線では道案内や電車の乗り方の案内は難しそうに感じるかもしれませんが、初級者でもいくつかの簡単な表現と身振り手振りで対応することができます。もう少し丁寧な対応ができたら、と思う方は外国人に切符の買い方を教えてあげたり、目的地の近くのおすすめの観光スポットを紹介してあげたりできると良いですね。

• Characters 登場人物 •

Tourist（観光客）
アメリカから日本へ旅行に来た大学生。初めての海外旅行にワクワクしていますが、東京の人の多さや交通の複雑さに戸惑っている様子です。

YOU（あなた）
渋谷駅に向かって歩いていたら、道に迷っていた外国人に話しかけられました。時間に余裕があるので、一緒に駅まで行き、いろいろ教えてあげたいと思います。

Scene 1

When Being Asked For Help
助けを求められた時

渋谷駅付近で、欧米人の男性に話しかけられました。
道に迷って困っているようです。

Answer 1 ▶ Oh, it is **that** way.

オゥ, イット イz **ザッ** ウェイ

☞ 手で直接方向を指しながら、近くの場所を伝えたいときはthis way（こちら）。遠くの場所を伝えたいときはthat way（あちら）と表せます。

Answer 2 ▶ There's a **ticket** gate around the **corner** on the **right-hand** side.

ゼアz ア **ティケッ**t ゲイt アラウンd ザ **コォ**ナァ オn ザ **ライ**t
ハンd サイd

☞ right-hand sideの代わりに right side も使えます。rightには correct（正しい）の意味もありますので、handを付けるとより意味が明確になります。

Answer 3 ▶ We're **close** to the **entrance**. I'm going **there**, so why don't we go **together**?

ウィア k**ロー**sトゥー ズィ **エン**tランs　アィm ゴーインg **ゼ**アー, ソウ ホワイドn ウィ ゴー トゥ**ゲ**ザー？

☞ 「近くに○○がある」は人を主語にして "We're close to ○○." と言うことができます。入り口を主語にして "The entrance is nearby." と表現しても同じことを伝えられます。

Tourist: **Excuse** me, can you **help** me?

（すみません、ちょっといいですか？）

YOU: **Sure**, how can I **help** you?

（はい、どうしましたか？）

Tourist: I need to go to **Tōyoko** Line.

（東横線を探しています）

YOU: ❶ **Oh**, it is **that** way.

（ああ、それならあちらですよ）

❷ There's a **ticket** gate around the **corner** on the **right-hand** side.

（右手の角に改札がありますよ）

❸ We're **close** to the **entrance**. I'm going **there**, so why don't we go **together**?

（近くに入口があります。私も向かっていますので、一緒に行きましょうか？）

Scene 2

Small Talk
スモールトーク

駅までの道順を説明しましたが、
都会の人の多さに驚いている様子です。

It's easy to get lost around here!

YOU
Yeah, I've seen so many people get lost in Tokyo.

The stations in Tokyo are very complicated compared to my hometown.

YOU 🗣 Say in English!
1 そうなんですか？
2 どちらの出身ですか？
3 東京在住の私でも、入り口を見つけるのは難しいです。

1 | Directions

3択の英文は次のページ ➡

Answer 1 ▶ **Really?**

リアリー？

☞ "Really?"は「本当に？」と「驚き」を表すこともありますが、この場面のように「そうなんですか」という相づちのニュアンスでも使える便利な表現です。

Answer 2 ▶ **Where** are you from?

ウェア アー ユー fロm？

☞ "Where do you come from?"（どこから来られたのですか？）という尋ね方もできます。

Answer 3 ▶ It's **hard** for me to find the **entrance**, even though I **live** in Tokyo.

イッツ **ハー**d フォー ミー トゥ ファインd ズィ **エン**tランs, イーvn ゾゥ アィ **リ**v イn トーキョー

☞ "It is 形容詞 for 人 to 不定詞（…にとって〜することは○○だ）"の構文です。形容詞はeasy、difficult、impossible などの「難易度」を表すものに限ります。

例）It is easy/difficult/impossible for me to sing in front of people.

（私にとって、人前で歌を歌うことは、簡単だ／難しい／不可能だ）

ダイアログをもう1度CHECK!　🎧 006

Tourist: It's easy to get **lost** around **here**!

（この辺りはとても迷いやすいですね！）

YOU: **Yeah**, I've seen so **many** people get **lost** in **Tokyo**.

（そうですね、東京で道に迷っている人をたくさん目にします）

Tourist: The stations in Tokyo are very **complicated** compared to my **hometown**.

（故郷と比べて、東京の駅はとても複雑です）

YOU: **1** **Really**?

（そうなんですか？）

2 **Where** are you from?

（どちらの出身ですか？）

3 It's **hard** for me to find the **entrance**, even though I **live** in Tokyo.

（東京在住の私でも、入り口を見つけるのは難しいです）

How to Buy Tickets
切符の買い方

駅に到着し、券売機の前にやってきました。

Where is the English option?

YOU
Here. Please press this button.

Can you tell me how to buy a ticket for Roppongi?

YOU — 🗣 Say in English!

❶ オッケーです。お手伝いしますね。
❷ 画面の300円を選んで、お金を入れてください。
❸ 目的地までの値段を路線図で確認して、それから機械で正しい値段を選んでください。

3択の英文は次のページ ➡

Answer 1 Okay. Let me **help** you.

オゥケィ　レッ ミー **ヘル**p ユー

☞ "Let me 動詞"（私に○○させてください）という表現は会話でよく使われます。
例）Let me check.（確認させてください）

Answer 2 Select the **300** yen (fare) on the screen and insert the **money**.

セレクt ザ th**リ**ー **ハン**ドレッd イェ n（フェア）オ n ザ sk リー n アン d イ ンサー t
ザ **マ**ネィ

☞ 「スクリーン上の」「画面上の」というときに使う前置詞は in ではなく on です。
on the computer screen（コンピューターの画面上の）、on TV screen（テレ
ビの画面上の）。また、select の代わりに choose も使えます。

Answer 3 Check the ticket **price** of your **destination** on the **route** map. **Then** choose the price on the **machine**.

チェッ k ザ ティケッ t p**ラ**イ s オ v ヨ ア デスティ**ネ**イション オ n ザ
ルーt マッ p　**ゼ**n チュー z ザ p**ラ**イ s オ n ザ **マ**シー n

☞ 命令文で次々に「〜してください」とお願いするときは "and" ばかり使いがち
ですが、ぜひ "then" を使ってみましょう！ 二つを組み合わせて "And then" と
言っても OK です。

ダイアログをもう1度 CHECK!

Tourist: **Where** is the **English** option?
（英語の設定はどこですか？）

YOU: **Here**. Please press **this** button.
（こちらです。このボタンを押してください）

Tourist: Can you **tell** me how to buy a **ticket** for **Roppongi**?
（六本木までの切符の買い方を教えてもらえますか？）

YOU: ❶ **Okay**. Let me **help** you.
（オッケーです。お手伝いしますね）

❷ Select the **300** yen (fare) on the screen and insert the **money**.
（画面の300円を選んで、お金を入れてください）

❸ Check the ticket **price** of your **destination** on the **route** map. **Then** choose the price on the machine.
（目的地までの値段を路線図で確認して、それから機械で正しい値段を選んでく
ださい）

How to Change Trains
乗り換えの方法

男性は切符を購入しましたが、
改札を通る前にまだ不安なことがあるようです。

I'm kind of confused about transferring. Do you know how to get to Roppongi?

YOU

Yeah, just get off at Naka-meguro Station and you can transfer to the Hibiya Line there.

At Naka-meguro, which track should I go to?

YOU — 🅴 Say in English!

1️⃣ 2番線です。
2️⃣ 2番線の電車に乗ってください。
3️⃣ 2番線に行くといいですよ。小さい駅なので、すぐに分かりますよ。

1 | Directions

3択の英文は次のページ ➡ 23

Answer 1 Track **2.**

tラックトゥー

☞ track の代わりに platform でも同じ意味です。track はアメリカやカナダ、platform はイギリスで主に使われる言葉です（主に、なのでその語でないと全く通じないという訳ではありません）。

Answer 2 **Please** take the train at Track **2.**

pリーz テイk ザ tレイn アッtラックトゥー

☞ take の代わりに get on（乗り物に乗る）も使えます。合わせて、"Get off the train at 〜 station."（○○駅で降りてください）も言えると丁寧ですね。

Answer 3 You should go to Track **2.** It's a small station, so you can't **miss** it!

ユー シュッd ゴー トゥー tラックトゥー　イッツ ア スモーls テイショn, ソー ユー キャンt tミsイット！

☞ 「すぐに分かりますよ」の意味を表す "You can't miss it!" は中学校の教科書にも載っている定型表現で、会話でよく使います。

ダイアログをもう1度CHECK! 🎧 012

Tourist: I'm kind of **confused** about **transferring**. Do you know **how** to get to Roppongi?
（乗り換えについて少し混乱しています。六本木への行き方はご存知ですか？）

YOU: **Yeah,** just get off at **Naka-meguro Station** and you can **transfer** to the **Hibiya Line** there.
（ええ。中目黒駅で降りて、日比谷線に乗り換えます）

Tourist: At **Naka-meguro,** which **track** should I **go** to?
（中目黒駅ではどのホームに行けばいいですか？）

YOU: ❶ Track **2.**
（2番線です）

❷ **Please** take the train at Track **2.**
（2番線の電車に乗ってください）

❸ You should go to Track **2.** It's a small station, so you can't **miss** it!
（2番線に行くといいですよ。小さい駅なので、すぐに分かりますよ）

Scene 5

Introducing Your Favorite Spots
おすすめの場所を紹介

あなたは別れ際に男性に
六本木のおすすめスポットを紹介します。

Do you know any good spots in Roppongi?

YOU　　🗣 Say in English!
1️⃣ 六本木ヒルズはどうですか？
2️⃣ 東京ミッドタウンなら、レストランも買い物も両方楽しめますよ。
3️⃣ 東京の壮大な景色を楽しめる、東京シティビューがおすすめです。

1 | Directions

Sounds like a good idea. I really appreciate your help.

YOU
You're welcome. Have a nice day!

3択の英文は次のページ ➡ 25

Answer 1 **How** about "Roppongi **Hills**"?

ハゥ ァバウt ロッポンギ **ヒル**z？

☞ "How about＋名詞" で「◯◯はどう？」という提案ができます。
例）How about Chinese restaurant?（中華料理はどう？）

Answer 2 You can enjoy both **restaurants** and **shopping** with "Tokyo **Midtown**".

ユー キャn エンジョイ ボth **レストランツ** アンd **ショッピン**g ウィz
トーキョー ミッd**タウ**n

☞ with（〜と一緒に／〜と共に）は、人以外の名詞にも使うことができます。場所に使う場合は「〜なら」、「〜に行けば」というニュアンスを表すことができます。

Answer 3 I recommend "Tokyo **City View**", where you can enjoy the **spectacular** view of Tokyo.

ァィ レコメンd トーキョー **シティ** vュー, ウェァ ユー キャn エンジョイ ザ sペ
k**タ**ァキュラー vユー オv トーキョー

☞ 関係副詞のwhereを使うと、場所の説明を具体的にすることができます。
例）This is the hotel where I stayed last month.（こちらは私が先月泊まったホテルです）
また「壮大な」は「大きくて立派な」という意味なのでここではspectacular（壮観な、華々しい）を当てています。他にはmagnificent（雄大な、豪華な）などがあります。

ダイアログをもう1度CHECK! 🎧 015

Tourist: Do you **know** any good **spots** in Roppongi?
（六本木でどこかいい場所を知っていますか？）

YOU: ❶ **How** about "Roppongi **Hills**"?
（六本木ヒルズはどうですか？）

❷ You can enjoy both **restaurants** and **shopping** with "Tokyo **Midtown**".
（東京ミッドタウンなら、レストランも買い物も両方楽しめますよ）

❸ I recommend "Tokyo **City View**", where you can enjoy the **spectacular** view of Tokyo.
（東京の壮大な景色を楽しめる、東京シティビューがおすすめです）

Tourist: Sounds like a good **idea**. I really **appreciate** your help.
（それはいい考えですね。助けてくれて本当にありがとうございます）

YOU: You're **welcome**. Have a **nice** day!
（どういたしまして。良い一日を！）

COLUMN

アメリカ英語 vs イギリス英語

「アメリカ英語」「イギリス英語」とはよく聞くものの、発音から単語まで細かいところまで見ると、その違いを挙げたらキリがありません。ここでは、今回のテーマである道案内にまつわる語彙の違いを見てみましょう。

米	This is the way to **downtown**.	こちらを進むと**都心部**です。
英	This is the way to **city centre**.	

米	You can take a **cab** from the station.	駅から**タクシー**に乗れますよ。
英	You can take a **taxi** from the station.	

米	You will see a **drugstore** when you turn the corner.	その角を曲がる際に**薬局**が見えます。
英	You will see a **pharmacy** when you turn the corner.	

米	**Do you have** a map?	地図は**お持ちですか**。
英	**Have you got** a map?	

米	It takes 30 minutes to go to the **train station**.	**電車の駅**までは30分です。
英	It takes 30 minutes to go to the **railway station**.	

米	This is the **main street**.	こちらが**大通り**です。
英	This is the **high street**.	

　日本国内であれば、アジア圏からの来日者などアメリカ英語の方が馴染みのある外国人も多いため、まずはアメリカ英語を使ってみましょう。同じ言語でも、話されている地域が違うだけで、こんなに違いが生まれているというのは面白いですよね。

（スパルタ英会話 加納）

On the Bullet Train
新幹線で

　電車やバス・飛行機などの交通機関では外国語表記が充実してきたとはいえ、まだまだ戸惑っている外国人を見かけることが少なくありません。相手が間違った座席に座っていたり、新幹線での過ごし方に困っている様子だったら、こちらから声をかけられるといいですね。いざという時にスッと口からフレーズが出てくるように繰り返し練習しておきましょう。

• Characters 登場人物 •

Tourist（観光客）
イギリスの首都ロンドン出身の女性。今回彼女は、アジア方面への旅行の一環として日本を訪れています。新幹線の利用は人生で初めてのようです。

YOU（あなた）
新大阪まで移動しようと東京駅から新幹線に乗りました。仕事の出張でよく乗るため、新幹線の利用には慣れています。Tourist に新幹線の利用についてアドバイスしてあげましょう。

Sitting in the Wrong Seat
間違った席に座っている

新幹線に乗車したあなた。
自分の席に行ったら、外国人が間違って座っているようです。

YOU
Excuse me, I think you might be sitting in the wrong seat.

Really? I'm pretty sure I'm in the right seat.

1 2
3 4

YOU 🗨 Say in English!

1️⃣ これが私のチケットです。
2️⃣ あなたの席は窓側ではなく通路側ではないかと思います。
3️⃣ 私の席は窓側のAだと思います。チケットを見せていただけますか。

Oh, I'm supposed to be in aisle seat B. Sorry about that.

2 | On the Bullet Train

3択の英文は次のページ ➡ 29

Answer 1 ▶ This is my **ticket**.

ディs イz マィ **ティケット**

☞ ここでHere is my ticket. と言うと、「チケットどうぞ」と差し上げるニュアンスになってしまうので注意。Here is 〜を使うとより「提示する、提供する」という意味が強まります。

例）Here is a question.　ここで質問です。（と、聞いている人に提示）

Answer 2 ▶ You **might** have the **aisle** seat, not the **window**.

ユー **マイ**t ハv ズィ **アイ**l スィーt, ノッt ザ **ウィンドウ**

☞ 助動詞の過去形は「同じ助動詞の現在形よりも意味が弱く」なります。「席が違います」と断定するのを避け、さらに may ではなく might を使うことで「違うかもしれないと思うのですが」とかなり控えめな言い方にしています。1コマ目のように、文頭に I think をつけてももちろん OK です。

Answer 3 ▶ I **think** I'm in window seat **A**. Do you **mind** letting me see your **ticket**?

アィ **th イン**k アイm イn ウィンドウ スィーt **エ**ィ　ドゥー ユー **マイン**d レッティンg ミー スィー ヨア **ティケッ**t？

☞ My seat is the window seat A. と言ってもOK。「見せていただけますか」と言いたいとき、"Do you mind 〜ing？"（〜しても構いませんか）を使うと丁寧ですね。

ダイアログをもう1度CHECK!

YOU:　**Excuse** me, I **think** you might be sitting in the **wrong** seat.

（すみません、違う席に座られていると思うのですが）

Tourist: **Really**? I'm pretty **sure** I'm in the **right** seat.

（そうですか？たぶんここで合っていますよ）

YOU:　❶ This is my **ticket**.

（これが私のチケットです）

❷ You **might** have the **aisle** seat, not the **window**.

（あなたの席は窓側ではなく通路側ではないかと思います）

❸ I **think** I'm in window seat **A**. Do you **mind** letting me see your **ticket**?

（私の席は窓側のAだと思います。チケットを見せていただけますか）

Tourist: **Oh**, I'm supposed to be in **aisle** seat **B**. **Sorry** about that.

（あ、私はBの通路側でしたね。失礼しました）

Putting Away Heavy Bags

荷物が重くて上げられない

足元の大きなスーツケースが邪魔そうです。
上の荷棚に上げないのでしょうか。

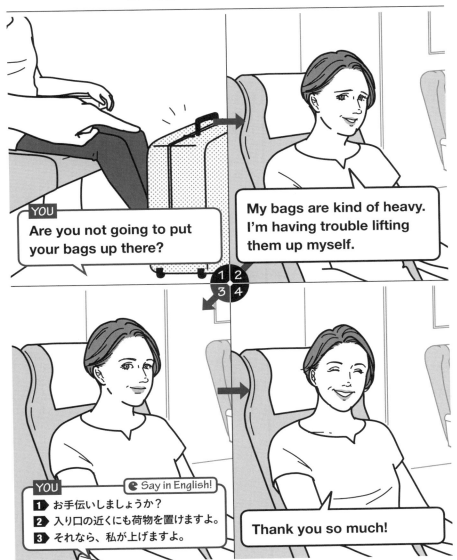

YOU

Are you not going to put your bags up there?

My bags are kind of heavy. I'm having trouble lifting them up myself.

YOU　🔊 Say in English!

1 お手伝いしましょうか？
2 入り口の近くにも荷物を置けますよ。
3 それなら、私が上げますよ。

Thank you so much!

2 | On the Bullet Train

3択の英文は次のページ ➡　31

Answer 1 Do you want some **help**?

ドゥー ユー ウォンt サm ヘルp？

☞ 「お手伝いしましょうか」と手伝いを申し出る場合はDo you want some help? またはMay I help you? です。

Answer 2 You can **put** them next to the **entrance**, too.

ユー キャンn **プッ**t ゼm ネクs トゥー ズィ **エ**ンtランs, トゥー

☞ 「近くに」というとnearが最初に浮かびますが、この場合は「入口の近辺」ではなく「入口のすぐ近く」に置ける、という状況なのでnext to〜（〜の隣に）の方がそのニュアンスを表せます。

Answer 3 Then I can put them up **there** for you.

ゼn アィ キャンn **プッ**t ゼm アッp **ゼ**ア フォー ユー

☞ 棚に荷物を「上げられる（能力）」と「上げてもいい（許可）」の2つのニュアンスを出すため、canを使います。シンプルにI can help you.（手伝いますよ）と言ってもOKです。

ダイアログをもう1度CHECK!

YOU: Are you **not** going to put your bags **up** there?
（その荷物はそこに上げないんですか？）

Tourist: My bags are kind of **heavy**. I'm having **trouble** lifting them **up** myself.
（ちょっと重くて。自力で上げるのはキツかったんです）

YOU: ❶ Do you want some **help**?
（お手伝いしましょうか？）

❷ You can **put** them next to the **entrance**, too.
（入り口の近くにも荷物を置けますよ）

❸ Then I can put them up **there** for you.
（それなら、私が上げますよ）

Tourist: **Thank** you so much!
（ありがとうございます！）

The Convenience of Bullet Trains
新幹線の利便性

日本独特の高速鉄道である新幹線。
その利点が女性は気になるようです。

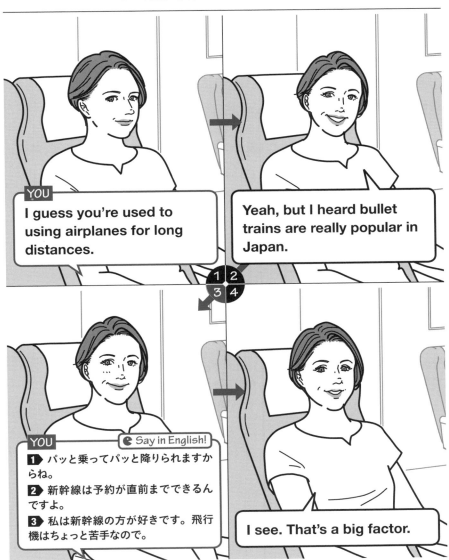

YOU
I guess you're used to using airplanes for long distances.

Yeah, but I heard bullet trains are really popular in Japan.

1 2
3 4

YOU 🔊 Say in English!
1️⃣ パッと乗ってパッと降りられますからね。
2️⃣ 新幹線は予約が直前までできるんですよ。
3️⃣ 私は新幹線の方が好きです。飛行機はちょっと苦手なので。

I see. That's a big factor.

2 | On the Bullet Train

3択の英文は次のページ ➡ 33

Answer 1 You can **get** on and off **easily**.

ユー キャn **ゲッ**t オn アンd オf **イー**ズィリー

☞ 「パッと乗って」のようなくだけた表現を英語にしようとする際は、「要は何を伝えたいのか」を考えます。ここでの「パッと」は「手軽に」「簡単に」の意味なので、easily（簡単に）が当てはまります。

Answer 2 You can **make** bullet train reservations till the **last minute**.

ユー キャn **メイ**k ブレッt レイn リザvエーションz ティl ザ **ラ**st ミニッt

☞ 「直前まで」はtill the last minute。tillはuntilとほぼ同じ意味を持つのですが（〜まで）、untilと比べて発音が短く済むため会話ではこちらが優先される場合があります。

Answer 3 I prefer bullet trains. I'm kind of **afraid** of flying.

アィ p レファー ブレッt レイnz アイm カインd オv アf **レイ**d オvf ラインg

☞ 「苦手」はbe afraid of 〜 やdon't like 〜 で表現できますが、単に「嫌いである」を表すdon't likeと比べ、be afraid ofは「恐怖症である」というニュアンスも含みます。一方、「好きだけど苦手」のように動作や能力に対して言う場合はbe not good at 〜 を使いましょう。

ダイアログをもう1度CHECK!

YOU: I **guess** you're used to using **airplanes** for long distances.
（長距離移動だと、飛行機の方が慣れているでしょう）

Tourist: **Yeah,** but I **heard** bullet trains are really **popular** in Japan.
（ええ、でも日本では新幹線の方が人気があると聞きました）

YOU: ❶ You can **get** on and off **easily**.
（パッと乗ってパッと降りられますからね）

❷ You can **make** bullet train reservations till the **last** minute.
（新幹線は予約が直前までできるんですよ）

❸ I prefer bullet trains. I'm kind of **afraid** of flying.
（私は新幹線の方が好きです。飛行機はちょっと苦手なので）

Tourist: I **see**. That's a **big** factor.
（なるほど。それは大きなポイントですね）

Reclining the Seat
リクライニング

座席の背もたれがほぼ垂直に設定されている新幹線の座席。
女性はどこか窮屈そうです。

YOU

Are you trying to recline your seat?

Yes, where is the switch?

YOU

🔊 Say in English!

❶ そこにありますよ。
❷ 左腕の下にボタンがありますよ。
❸ 左の肘掛けの下のボタンを押しながら、後ろに体重をかけてください。

Thank you.

3択の英文は次のページ ➡ 35

Answer 1 ▶ It's **right** there.

イッツ **ライ** ゼア

☞ It's there.（そこにある）に対してIt's right there.は「まさにそこにあります よ」と「そこ」を指差しながら強調する…というニュアンスになります。

Answer 2 ▶ There's a **button** under your **left** arm.

ゼアzア **ボトゥn** アンダー ヨア **レフ**tアーm

☞ buttonの発音に注意。便宜上「ボトゥn」と表記していますが、厳密には「ボ トゥn」と「ボタn」の中間。音声を聞きながら、注意して真似してみましょう。

Answer 3 ▶ **Press** down on the button under your **left** arm rest and push **back**.

p**レ**s ダウn オn ザ ボトゥn アンダー ヨア **レフ**tアーm レst
アンd プッシュ **バ**ッk

☞ press down on〜で「〜を押す」。pushでもOKですが、pushは「押して動 かす」、pressは「押す（それ自体は動かない場合も）」。この場合押している のはボタンなので（ボタンを動かすことではなく、席を倒すのが目的）、press の方が厳密には正しいです。「肘掛け」はarm restと言います。

ダイアログをもう1度CHECK!

YOU: Are you trying to **recline** your **seat**?
（リクライニングされようとしていますか？）

Tourist: Yes, where is the **switch**?
（ええ。スイッチはどこですか？）

YOU: **❶** It's **right** there.
（そこにありますよ）

❷ There's a **button** under your **left** arm.
（左腕の下にボタンがありますよ）

❸ Press down on the **button** under your **left** arm rest and push **back**.
（左の肘掛けの下のボタンを押しながら、後ろに体重をかけてください）

Tourist: Thank you.
（ありがとうございます）

Scene 5

The Food Cart
車内販売のワゴンが来た

車内販売のワゴンカーが近くにやってきました。
女性は興味津々です。

YOU

Oh, the food cart is coming.

Wow, it's like an airplane. What do they sell?

1 2 3 4

YOU　　　🔊 Say in English!

1 食べ物や飲み物がそろっています。
2 コーヒーが名物ですよ。
3 様々な種類のお弁当がありますよ。
詳細はスタッフの方が教えてくれます。

That sounds nice. I'll buy one.

2 | On the Bullet Train

Answer 1 ▶ They have assorted **drinks** and **snacks**.

ゼィ ハ ｖ ァソーティッ d **リン** ks アン d s **ナ** ッ ks

☞ お店の品揃えの場合はthere is/are〜の構文でOKですが、今回は人が運んで提供しているものなので、they have〜と「人の動作」で表しましょう。assortは「仕分ける」。つまり、「種類別に仕分けられたもの」というのがassortedのニュアンスです。

Answer 2 ▶ The **coffee** is really famous.

ザ **カァ** フィ イ z リアリー フェイマ s

☞ 「名物」はspecialtyという訳語がありますが、単にfamous（有名な）というだけでも十分ですね。その地域の名物、と言いたい場合は "a famous product of the city / in 地名" ですね。

Answer 3 ▶ They have different types of **bento**. The **server** will tell you the **details**.

ゼィ ハ ｖ ディファレン t タイ ps オ ｖ ベントォ　ザ **サー** ｖ アー ウィ l テ l ユー ザ **ディー** テイ lz

☞ 「弁当」はlunch boxですが、日本のお弁当文化は海外でも知られつつあり、bentoのままで通じることも。ハワイ州ホノルルなどには、bento（弁当屋）の名前を冠したお店が多く存在します。

ダイアログをもう1度CHECK!

YOU: **Oh**, the **food** cart is coming.
（あ、車内販売のワゴンが来ましたね）

Tourist: **Wow**, it's like an **airplane**. What do they **sell**?
（おお、飛行機みたいですね。何が売られているのですか？）

YOU: ❶ They have assorted **drinks** and **snacks**.
（食べ物や飲み物がそろっています）

❷ The **coffee** is really famous.
（コーヒーが名物ですよ）

❸ They have different types of **bento**. The **server** will tell you the **details**.
（様々な種類のお弁当がありますよ。詳細はスタッフの方が教えてくれます）

Tourist: That sounds **nice**. I'll **buy** one.
（いいですね。一つ買ってみます）

アメリカ人がよく使うジェスチャー

　英語でのコミュニケーションにおいて、ジェスチャーは重要な表現方法の1つです。欧米人のリアクションが大きいと感じる理由の1つは、日本人よりもジェスチャーを多用する傾向にあるからと言えます。ここでは、アメリカ人がよく使うジェスチャーをご紹介します。

Wink
　ウィンク。日本だと異性相手に使うイメージですが、英語圏では会話内容によって、「同意」「ジョーク」「友情の表し」「励まし」など多様な意味に。

Thumbs up
　握りこぶしを作って、親指を上にまっすぐ立てるジェスチャー。「同意」「賛成」の意味ですね。SNSなどで見られるように「いいね！」という称賛の意味も。指を下に向ける（Thumbs down）と、スポーツ観戦などで見られるブーイングの意味ですので、あまり普段使いするものではありません。

Nod / Shake one's head
　「首を縦にふる」動作と「首を横にふる」動作。日本と同じく、「同意や肯定」と「反対や否定」の意味です。前者は相づちとしてもよく使います。

Shoulder shrug
　「肩を上げる」動作。首を横にかしげながら肩をすくめることで "I don't know" の意味に（必ずしも両手のひらを上に向ける必要はなし）。時には「反対」「怒り」の意味で使うことも。

Air quotes
　両手の人差し指と中指を上げて、ピースサインのような状態で指を折り曲げるジェスチャー。「" "」のことですね。何かを強調したいときに自分の発言に合わせて使います。例えば学校の先生が、「ここテストに出るよ」という意味で、このジェスチャーとともにゆっくり話したりします。

　英会話のジェスチャーは、種類がたくさんあるわけではなく、上記のような少数のジェスチャーを状況によって応用しながら使います。

（スパルタ英会話 篠田）

Dining at an Izakaya
居酒屋での食事

　海外に行ったときの楽しみといえば、なんといっても「食」ですよね。その土地ならではの料理やお酒に加えて、普段食べられないちょっと変わった料理にも挑戦したくなるのは、日本人のみならず外国人も同じです。外国人との会話において、日本の文化や料理について説明を求められることは想像以上に多いです。日本食に興味津々のMikeを居酒屋に案内し、日本の料理や食事のマナーを説明するというシーンを体験してください。

Characters 登場人物

Mike（マイク）
メキシコ系アメリカ人の31歳のビジネスマン。横浜に長期出張で来ています。居酒屋に来るのは初めてで、Mikeにとっては目に映る全てのものが新鮮です。

YOU（あなた）
同僚のMikeと知り合ってまだ日が浅いですが、すぐに打ち解けて仲良くなり2人で居酒屋に来ました。

3択の英文は次のページ ➡ 41

Answer 1 **No** shoes, please.

ノー シューz, pリーz

☞ "No＋名詞"で「～はダメ」と表現できます。No smoking（禁煙）やNo pets（ペット禁止）など、身近なところでもよく使われている言い回しです。

Answer 2 Please take off your **shoes** first.

pリーz テイk オfヨア シューz ファーst

☞ take off one's shoes「靴を脱ぐ」。反対に put on one's shoes / wear one's shoes「靴を履く」。「まず」は first（最初に）で表現できます。

Answer 3 You **have** to take off your **shoes** and put them in the **locker** before entering the room.

ユー ハf トゥ テイk オfヨア シューz アンd プッ ゼm イn ザ ロッカー ビフォア エンタリンg ザ ルーm

☞ "before＋動詞の～ing形"で「～する前に」という意味になります。before の後に"主語＋動詞"という形でも同じことを表現できます。

→ You have to take off your shoes and put them in the locker <u>before you enter the room</u>.

ダイアログをもう1度 CHECK!

Mike: **Wow**, this place is **really** cool. I love this **tatami** room.
（おぉ、すごくいい場所だね。この畳も最高だね）

YOU: **Wait**, Mike.
（待って、マイク）

❶ No shoes, please.
（靴はダメだよ）

❷ Please take off your **shoes** first.
（まず靴を脱いでね）

❸ You **have** to take off your **shoes** and put them in the **locker** before entering the room.
（部屋に入る前に靴を脱いで、ロッカーに入れないといけないよ）

Mike: **Oh**, I didn't **know** that. Sorry.
（おっ、それは知らなかったよ。ごめん）

YOU: That's **okay**. This is your **first** time dining at an Izakaya.
（大丈夫だよ。居酒屋で食事するのは初めてだもんね）

A Menu Without Pictures
写真のないメニュー

渡されたメニューが日本語の文字だらけ。
何を注文するべきか分からない Mike を助けましょう。

Answer 1 **Okay**. Let's try **this**.

オゥ**ケ**ィ　レッツ t ライ **ディ** s

☞ try には「挑戦する」という意味がありますが、食事で使う場合「食べてみる」「飲んでみる」という意味になります。例）Let's try bouldering.（ボルダリングに挑戦しよう）/ Let's try Japanese sake.（日本酒を飲んでみよう）

Answer 2 **Well**, I recommend this **fried** chicken. It's **very popular**.

ウェl, アィ レコメン d ディ s f **ラ**ィ d チキ n　イッツ **v エ**リィ **ポ**ピュラー

☞ 名詞の recommendation（おすすめ）を使って、"My recommendation is this fried chicken." と表現することもできます。

Answer 3 This place is **famous** for its **fried** chicken. It goes **well** with **beer**.

ディ s p レィ s イ z **フェ**ィマ s フォー イッツ f ラィ d チキ n　イッ t ゴー z **ウェ**l ウィ z ビア

☞ go well with（～と上手くいく、～と相性がいい）は食事に限らず、いろんな場面で使える表現です。

例）This tie goes well with the suit.（このネクタイはそのスーツとよく合う）

ダイアログをもう1度CHECK!

Mike: This menu **doesn't** have many **pictures**. What **are** they?
（メニューに写真がそんなにないんだね。これらは何？）

YOU: These are all their **signature** dishes.
（全部ここの看板メニューだよ）

Mike: I see. I was hoping to have something **traditional**.
（なるほど。何か日本の伝統料理を食べてみたいって思っていたんだ）

YOU: ❶ **Okay**. Let's try **this**.
（オッケー。これにしよう）

❷ **Well**, I recommend this **fried** chicken. It's **very popular**.
（じゃあ、この唐揚げをおすすめするよ。とても人気なんだ）

❸ This place is **famous** for its **fried** chicken. It goes **well** with **beer**.
（ここは唐揚げで有名だよ。ビールとよく合うんだよね）

Popular Drinks in Japan
日本で人気の飲み物

日本で人気がある「ハイボール」をMikeに勧めます。

What kind of drinks are popular in Japan?

YOU
Highballs and beer are probably the most popular.

I've never had a highball before! Do you recommend it?

YOU　🔊 Say in English!

1 うん、最高だよ。
2 うん、私のお気に入りだよ。ソーダとウィスキーを混ぜたものなんだ。
3 うん、私はジンジャーエールと割ったものが好きだよ。1つ頼もうか？

3 | Dining at an Izakaya

3択の英文は次のページ ➡ 45

Answer 1 ▶ **Yeah**, it's **great**.

イ**ヤ**ァー, イッツ g**レ**イt

☞ 「良い」と相手に伝えるだけでシンプルにおすすめができます。great以外にも good、delicious、amazing（アメイズィンg）、awesome（オゥサm）など が使えます。

Answer 2 ▶ **Yes**, that's my **favorite**. It's a mixture of **soda** and **whisky**.

イェス, ザッツ マィ **フェ**イvアリッt　イッツ ア ミksチャー オv **ソ**ーダ アンd **ウィ**sキー

☞ mixtureはmix（混ぜる）の名詞、つまり「混ぜられたもの」という意味です。 ここではソーダとウィスキーを「混ぜたもの」という意味で使っています。

Answer 3 ▶ **Yeah**, I like it mixed with **ginger** ale. Should I order **one** for you?

イ**ヤ**ァー, アィ ラィk イッt ミックst ウィz **ジ**ンジャー エーl　シュッd アィ オーダー **ワ**n フォー ユー?

☞ mixed withは「〜と割った」の意味。例）One of my favorite shochu is the one mixed with hot water.（焼酎のお湯割が好きです） 「一つ頼もうか？」はMay I/Can I〜?でもOKですが、shouldを使うと「頼む <u>べきか</u>」というニュアンスを出せます。

ダイアログをもう1度CHECK!

Mike: What **kind** of drinks are **popular** in Japan?
（日本ではどんな飲み物が人気があるの？）

YOU: **Highballs** and **beer** are probably the **most** popular.
（ハイボールとビールが一番人気だと思うよ）

Mike: I've **never** had a highball before! Do you **recommend** it?
（ハイボールは飲んだことない！それ、おすすめ？）

YOU: **1** **Yeah**, it's **great**.
（うん、最高だよ）

2 **Yes**, that's my **favorite**. It's a mixture of **soda** and **whisky**.
（うん、私のお気に入りだよ。ソーダとウィスキーを混ぜたものなんだ）

3 **Yeah**, I like it mixed with **ginger** ale. Should I order **one** for you?
（うん、私はジンジャーエールと割ったものが好きだよ。一つ頼もうか？）

Scene 4

How to Hold Chopsticks
お箸の持ち方

お箸の持ち方がぎこちない Mike に持ち方を教えてあげます。

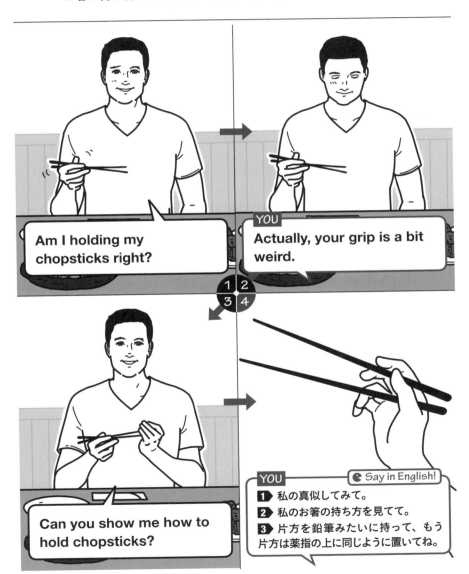

Am I holding my chopsticks right?

YOU
Actually, your grip is a bit weird.

Can you show me how to hold chopsticks?

YOU   🐸 Say in English!
1 私の真似してみて。
2 私のお箸の持ち方を見てて。
3 片方を鉛筆みたいに持って、もう片方は薬指の上に同じように置いてね。

3択の英文は次のページ ➡

Answer 1 **Copy** me.

コピー ミィ

☞ ここでのcopyは「真似する（動きをコピーする）」という意味です。相手に自分と同じ動きをしてもらいたい時に言ってみましょう。

Answer 2 Please look at **how** I'm holding them.

pリーz ルッ カッ **ハ**ゥ アィム ホーlディンg ゼm

☞ 「〜の持ち方」はhow to hold〜 が最もシンプルですが、今回のように「誰の持ち方なのか」を明確にしたい場合はhowの後ろにＳ＋Ｖの形で表現します。このhowはthe wayにも置き換え可能です。

例）I like how/ the way you drink beer.「君のビールの飲み方好き」→「君のビールの飲みっぷりいいね」

Answer 3 Hold one chopstick like a **pencil,** and rest the **other** in the same way on the **fourth** finger.

ホールd ワn チョッpsティック ライk ア **ペ**ンスィl, アンd レst ズィ **ア**ザー イn ザ セイm ウェイ オnザ **フォ**ーth フィンガー

☞ 「置く」という動詞はputやplace, setなどがありますが、「箸を置く」は「置いて安定させる、静止させる」という意味なので、restを用います。ちなみにchopstick rest で「箸置き」です。

ダイアログをもう1度CHECK!

Mike: Am **I** holding my chopsticks **right**?
（お箸の持ち方はこれで合ってる？）

YOU: **Actually,** your grip is a bit **weird**.
（実を言うと、持ち方がちょっと変だね）

Mike: Can you **show** me how to hold **chopsticks**?
（お箸の持ち方を見せてくれる？）

YOU: ❶ **Copy** me.
（私の真似してみて）

❷ Please look at **how** I'm holding them.
（私のお箸の持ち方を見てて）

❸ Hold one chopstick like a **pencil,** and rest the **other** in the same way on the **fourth** finger.
（片方を鉛筆みたいに持って、もう片方は薬指の上に同じように置いてね）

Scene 5

Izakaya Dishes
居酒屋の料理

隣の席の人が注文したものに Mike が興味を示しました。

Hey, what's that yellow thing they are eating?

YOU
That's "Dashimaki-Tamago".

① ②
③ ④

What's that?

YOU
A Japanese-style omelet.

🔊 Say in English!

❶ 食べてみたい？
❷ ふわふわして本当に美味しいよ。
❸ 卵を何枚も重ねて、筒状にしているよ。

3｜Dining at an Izakaya

3択の英文は次のページ ➡ 49

Answer 1 ▶ Do you want to try **some**?

ドゥ ユー ウォn トゥ t ライ **サ**m？

☞ try ではなく eat でも可です。ここでの some は「いくつかの」という数量表現ではなく、対象の物の「存在が確実にある」ことを示すために使われるものです。例）Do you need <u>some</u> help?（助けが必要ですか？）→「いくつかの助け」ではなく、「助けが存在している」（＝私は助けたいと思っていますが、必要ですか）という意味を示しています。

Answer 2 ▶ It's **fluffy** and tastes **really** good.

イッツ f **ラ**ッフィー アンd テイ s ツ リ**ア**リー グッd

☞ 「ふわふわした」は fluffy という形容詞で表します。fluffy bread「ふわふわのパン」など。

Answer 3 ▶ We **roll** the cooked egg several times to make a **cylindrical** shape.

ウィー **ロー**l ザ クック t エッ g セー v エラ l タイム z トゥー メイ k ア スィ**リ**ンダリコゥ シェイ p

☞ 「筒状にする」は roll 〜 to make a cylindrical shape。直訳すると「筒を作るように巻く」。cooked は「調理された」で、実は cook という言葉自体に「温めて調理する」というニュアンスがあるので、ここでは cooked egg で「温められた（そして形作られた）卵」となります。

ダイアログをもう1度 CHECK!

Mike: **Hey**, what's that **yellow** thing they are eating?
（ねえ、あの人たちが食べている黄色いものは何？）

YOU: That's **"Dashimaki-Tamago"**.
（あれは"だし巻き玉子"だよ）

Mike: **What's** that?
（それは何？）

YOU: A Japanese-style **omelet**.
（日本風のオムレツだよ）

1 Do you want to try **some**?
（食べてみたい？）

2 It's **fluffy** and tastes **really** good.
（ふわふわして本当に美味しいよ）

3 We **roll** the cooked egg several times to make a **cylindrical** shape.
（卵を何枚も重ねて、筒状にしているよ）

COLUMN

「居酒屋メニュー」を英語で説明できますか？

　sushiやramenなどの日本食は海外でもよく知られていますが、唐揚げなどの「居酒屋メニュー」も説明を求められる機会が多いですね。定番のものからちょっとレアなものまで、「居酒屋メニュー」の英訳リストを、使えるワンフレーズと一緒にご紹介します。

- 枝豆（boiled and salted）green soybeans
- 鶏の唐揚げ　karaage /（Japanese boneless）fried chicken
- 軟骨の唐揚げ　fried chicken cartilage（揚げられた鳥の軟骨）
- 焼き鳥　yakitori / Japanese grilled chicken
  ※種類はthigh（もも）、with green onion（ねぎま）、skin（かわ）など。
- もろきゅう　cucumber with miso paste
- 塩辛　fermented squid and entrails（発酵したイカとその腹わた）
- 梅水晶　shark cartilage with plum
- タコわさび　wasabi marinated octopus
- エイヒレ　dried and grilled stingray fin
- 鯛の煮つけ　soy braised red snapper
- 湯葉　dried tofu skin
- 漬物　pickles　（発音は「ピッコゥ」）
- ぬか漬け　Japanese rice bran pickles
- お茶漬け　boiled rice with tea

▶ It is often served as an appetizer.（前菜として出されることが多いです）

▶ It's usually bite-sized.（たいてい一口サイズです）

▶ It goes well with Japanese sake.（日本酒と合うんだよね）

▶ I'll dish out the dried tofu skin for you.（湯葉、取り分けてあげるよ）

▶ Let's end the night with some boiled rice with tea!（シメでお茶漬け食べようよ！）

　最後に、料理ではないですが、ビールなどを入れるジョッキはbeer mugと言います。さあ、日本食の説明が終わったらbeer mugでCheers!（乾杯！）

（スパルタ英会話 篠田）

Difficulties Upon Moving to Japan
日本での生活

　日本に移住・滞在しに来た外国人が、最初に苦労するのが「在留カードの取得」や「銀行口座の開設」、「不動産の手続き」など生活に関するものです。日本語に不慣れな場合、少しでも英語で助けてくれる人がいたら心強いはずです。ここではカナダから日本に来たばかりのJenniferの質問に答えて、日本での新生活をサポートしてあげましょう。

・ Characters 登場人物 ・

Jennifer（ジェニファー）
カナダのバンクーバー出身の20代女性。日本に移住しに来ましたが、家が決まるまで、あなたの家に泊めてもらっています。家探しや書類の手続きなどはこれからのようです。

YOU（あなた）
友達の紹介で仲良くなったJenniferをしばらく家に泊めてあげることにしました。右も左も分からない彼女が日本で生活できるように、いろいろなことを教えてあげます。

Answer 1 There are **photo** booths at train **stations**.

ゼア アー **フォト** ブーthz アッt レイ n s**テー**ションz

☞ 日本の証明写真機のことは photo booth と呼びます。ちなみに、電話ボックス
は phone box ではなく phone booth といいます。

Answer 2 A **photo** booth is good enough to take a photo for **resumes**.

ア **フォト** ブーth イz グッd イナf トゥー テイk ア フォト フォー **レ**ジュメz

☞ good enough は「十分に良い」です。good の意味が強まる訳ではなく、「ま
あ最低限の基準は満たしている」という decent、modest、satisfactory に近
い意味を持ちます。

Answer 3 It's **best** to go to a photo **studio** if you want **better** photos.

イッツ **ベ**st トゥー ゴー トゥー ア フォト s**トゥー**ディオ イf ユー ウォ n **ベ**ター
フォトォ Z

☞ studio（スタジオ）は音楽収録用だけでなく「写真屋」や「工房」「アトリエ」
といった意味でも使われます。ちなみにホテルの部屋の種類にも「studio
room」というものがあって、こちらはベッド・キッチン等込みでワンルーム
になっているものを指します。

ダイアログをもう1度CHECK! 🎧 050

Jennifer:	Do I need a **photo** for this? （これ、写真が必要なの？）
YOU:	**Yeah**, in Japan you need it for **resumes**. （うん、日本では履歴書には写真が必要だよ）
Jennifer:	Hmm…**where** should I **take** my photo? （へえ…どこで撮ればいいのかな？）
YOU:	❶ There are **photo** booths at train **stations**. （駅に証明写真機があるよ） ❷ A **photo** booth is good enough to take a photo for **resumes**. （履歴書用の写真を撮るなら、証明写真機で十分だよ） ❸ It's **best** to go to a photo **studio** if you want **better** photos. （よりよい写真がほしかったら、写真屋に行くのが一番だよ）

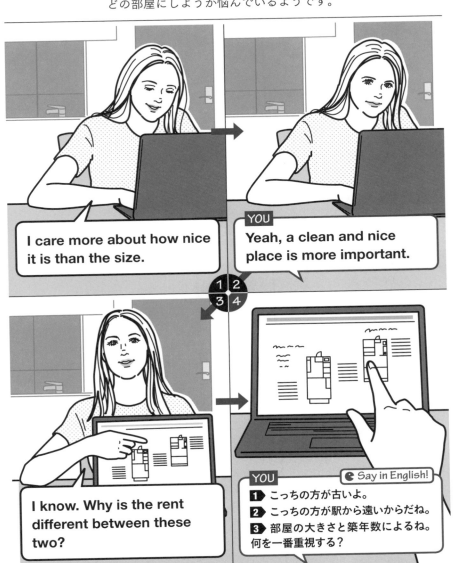

Scene 2

Renting an Apartment
アパートを借りる

様々な物件の情報を前にして、
どの部屋にしようか悩んでいるようです。

I care more about how nice it is than the size.

YOU
Yeah, a clean and nice place is more important.

I know. Why is the rent different between these two?

YOU 🅔 Say in English!
1 こっちの方が古いよ。
2 こっちの方が駅から遠いからだね。
3 部屋の大きさと築年数によるね。何を一番重視する?

3択の英文は次のページ ➡

Answer 1 ▶ This one is **older**.

ディsワnイzオーlダー

☞ 「こっちの方が古い」はoldの比較級のolderで表せますね。「こっちの方が狭い」と言いたければ、This one is smaller.（部屋などの空間が「狭い」と言いたいときは幅の狭さを表すnarrowではなくsmallを使います）。同様に「こっちの方が広い」はwideではなくbigを使ってThis one is bigger. と言います。

Answer 2 ▶ Because this one is **farther** from the **station**.

ビコーz ディs ワnイz ファーザー flm ザ sテイショn

☞ fartherとfurtherはどちらも「さらに先に」「もっと遠い」という意味ですが、fartherは「物理的な（測定可能な）遠さ」、furtherは「想像上の（測定出来ない）遠さ」といったニュアンスをそれぞれ持っています。

Answer 3 ▶ It depends on **how big** and **how old** the apartment is. What's the **most** important for you?

イッtディペンzオn ハゥビッg アンd ハゥ オールd ザ アパーtメンt イz ワッツ ザ モst インポータンt フォー ユー？

☞ 「大きさ」と「築年数」は名詞に置きかえる必要はありません。"how＋形容詞＋S＋V"を使って、このように簡単な単語でまとめられますね。「重視する」もそのまま訳そうとせず、「何が重要か」と置きかえれば難しくないはずです。

ダイアログをもう1度CHECK!　🎧 053

Jennifer: I care **more** about **how nice** it is than the **size**.
（私は部屋の広さよりも快適さの方が大切かな）

YOU: **Yeah**, a **clean** and nice place is more **important**.
（うん、きれいで快適な場所の方がいいよね）

Jennifer: I **know**. **Why** is the rent **different** between these **two**?
（そうだね。この二つは、どうして家賃が違うの？）

YOU: ❶ This one is **older**.
（こっちの方が古いよ）

❷ Because this one is **farther** from the **station**.
（こっちの方が駅から遠いからだね）

❸ It depends on **how big** and **how old** the apartment is. What's the **most** important for you?
（部屋の大きさと築年数によるね。何を一番重視する？）

🎧 054

Scene 3

Buying an Appliance
家電を買う

一人暮らしを始めるにあたり、
そろえる家電のことも考えなければいけません。

I want to get a fancy fridge.

YOU
Oh, I see. Is it just for you?

1 2
3 4

Yeah, for now. Which one do you think is the best?

YOU 　　　　　　 🗨 Say in English!

1 私が使っているものはどう？
2 近くのお店で一緒に探してみようよ！
3 私の兄が家電に詳しいんだ。ちょっと と話してみるね。

4 | Difficulties Upon Moving to Japan

3択の英文は次のページ ➡ 57

Answer 1 **How** about the **same** one I use?

ハゥ ァバゥt ザ **セイ**m ワn アィ ユーz?

☞ How about〜?で「〜はどう？」。提案やおすすめをする用法が一般的（How about hamburgers?）ですが、How about you?のように調子や状況などを聞きたいときにも使うフレーズです。

Answer 2 Let's try looking **together** in some stores **nearby**!

レッツ tラィ ルッキンg トゥ**ゲ**ザー イn サmsトアz ニアバイ！

☞ 「近くのお店」はsome stores <u>nearby</u> または some stores <u>near here</u>。near は前置詞的な働きをし、nearby は形容詞／副詞的な働きをします。使い分けのもう1つのポイントは、near は「距離」だけでなく「時間的な近さ」にも使えますが、nearby は使えないことです。

例）Spring is near.　　（○…時間的な近さ）
　　Spring is nearby.　（×…nearby は時間的な意味では使えない）

Answer 3 My **brother** is very **familiar** with home appliances. I'll **talk** with him.

マィ ブ**ラ**ザー イzエリー ファ**ミ**リア ウィzホーm アプライアンスィーz アイl**トー**k ウィzヒm

☞ 「〜に詳しい」は、"be familiar with〜" という熟語がよく使われます。know well about 〜（〜についてよく知っている）という言い方も可能です。

ダイアログをもう1度CHECK！

Jennifer: I want to get a **fancy** fridge.
（オシャレな冷蔵庫がほしいんだよね）

YOU: Oh, I **see**. Is it **just for you**?
（いいね。一人用？）

Jennifer: **Yeah,** for now. **Which** one do you think is the **best**?
（うん、今のところはね。どれが一番いいかな？）

YOU: ❶ **How** about the **same** one I use?
（私が使っているものはどう？）

❷ Let's try looking **together** in some stores **nearby**!
（近くのお店で一緒に探してみようよ！）

❸ My **brother** is very **familiar** with home appliances. I'll **talk** with him.
（私の兄が家電に詳しいんだ。ちょっと話してみるね）

🎧 057

Scene 4

Buying a Commuter Pass
定期券を買う

日本で会社勤めを始める Jennifer。
人生初の電車通勤をするそうです。

I got a job, so I have to buy a commuter pass.

YOU
Congrats! Let's go buy it together.

Thanks. Can I buy the same PASMO that you have?

YOU 　🗨 Say in English!
1 もちろんできるよ！
2 実は私、PASMOじゃなくてSuica を使ってるんだ。ちょっと違うんだよね。
3 どの路線を使うかによるかな。JR だとSuicaになるね。

4 | Difficulties Upon Moving to Japan

3択の英文は次のページ ➡

Answer 1 ▶ **Absolutely** you can!

アᵇソ**リュー**トリー ユー キャn!

☞ 「もちろん！」というと Of course! がありますが、Absolutely! という言葉もあります。元の意味は「全くその通り」「絶対に」であり、ニュアンスは同じです。

Answer 2 ▶ I actually use **Suica**, not PASMO. They're **slightly** different.

アィ アᵏチュアリー ユーᶻ **スイカ**, ノット パスモ　ゼイアー ˢ**ライ**トリィ ディファレンt

☞ not～but …（～ではなく…である）という言い回しは有名ですが、会話では今回の文のように not～のみを後ろに付ける、という使い方をすることもあります。例）I like Coke, not Pepsi.（私が好きなのはペプシじゃなくてコカ・コーラだ）

Answer 3 ▶ It depends on **which** train you're going to **use**. For **JR**, you'll need **Suica**.

イットディペンᶻ オn **ウィッチ** tレイnユア ゴーインᵍトゥー **ユー**ᶻ　フォー **ジェイアー**, ユーl ニーd **スイカ**

☞ 「～による」は It depends on～です。「場合次第・状況次第・今のところは Yes でも No でもない」というニュアンスを短く表現できる便利なフレーズですよ。

ダイアログをもう1度CHECK!

Jennifer: I got a **job**, so I have to buy a **commuter** pass.
（仕事が決まったから、定期券を買わないとね）

YOU: **Congrats**! Let's go buy it **together**.
（おめでとう！一緒に買いに行こう）

Jennifer: **Thanks**. Can I buy the same **PASMO** that you have?
（ありがとう。あなたが持ってる PASMO は私も買えるの？）

YOU: ❶ **Absolutely** you can!
（もちろんできるよ！）

❷ I actually use **Suica**, not PASMO. They're **slightly** different.
（実は私、PASMO じゃなくて Suica を使ってるんだ。ちょっと違うんだよね）

❸ It depends on **which** train you're going to **use**. For **JR**, you'll need **Suica**.
（どの路線を使うかによるかな。JR だと Suica になるね）

Answer 1 **Sparta** Bank.

sパルタ バンk

☞ ゆうちょ銀行（Japan Post Bank）、三井住友銀行（SMBC）など、日本語と英語で名前が異なる銀行もあるので、外国人に教える際は注意しましょう。

Answer 2 I'm using **Sparta** Bank, which is super **convenient**.

アイm ユーズィンg sパルタ バンk, ウィッチ イz スーパー コンvイニエンt

☞ "I'm using Sparta Bank." "That's super convenient." という2文を関係代名詞whichを使って繋げている文ですね。繋げた方が意味が通りやすい場合は繋げて話されることが多いです。

Answer 3 I chose **Sparta** Bank, and I heard that they have a lot of privileges for **foreigners**.

アイ チョーzs sパルタ バンk, アンdアイ ハーd ザットゼイ ハv ア ロットオvpリvイレッジィs フォー **フォー**リナーz

☞ 「特典」はbenefitまたはprivilegeが相当します。benefitには「有益なもの、助けになるもの」、privilegeには「特権による恩恵」という意味がそれぞれあります。今回のような「当行のお客様だけの特典」という場合は、privilegeの方がより近いです。

ダイアログをもう1度CHECK!　　　　🎧062

Jennifer: I have to get a **bank account** to pay rent.
（家賃を払うために、銀行口座を作らなきゃ）

YOU: **Yeah**, you'll need a **Japanese** one. Did you decide **which** bank?
（うん、日本のものが必要だね。どの銀行かは決めた？）

Jennifer: I have **no idea. Which** one are you using?
（まったく。あなたはどれを使ってる？）

YOU: ❶ **Sparta** Bank.
（スパルタ銀行だよ）

❷ I'm using **Sparta** Bank, which is super **convenient**.
（スパルタ銀行を使ってるけど、すごく便利だよ）

❸ I chose **Sparta** Bank, and I heard that they have a lot of privileges for **foreigners**.
（スパルタ銀行を選んだよ。海外出身の人には多くの特典があるって聞いたよ）

COLUMN

外国人が日本生活で困ること

　今回は、カナダ人の私の実体験から厳選した「日本での生活で困ることリスト」を便利なお助けフレーズとあわせて、ご紹介します。

Data Plans / Phone Plans 携帯電話のデータ・料金プラン

　日本での携帯の新規契約は、とても複雑で時間がかかります。しかも店頭でやり取りが必要な場合がほとんど。満足のいくものを入手するまで一苦労です。

▶ This plan is a 2-year contract.（このプランは2年契約だよ）

Driver's License 運転免許証

　書類の用意や、日本の交通ルールを問われる筆記試験はもちろんですが、実技試験が一番大変。日本の道ってとにかく狭いんです。駐車もアメリカやカナダでは頭から突っ込むのが普通なので、日本での駐車は今でも苦労します。

▶ In Japan, you have to make a stop before railroad crossings.
（日本では、踏切を渡る前に一時停止しないとダメなんです）
※アメリカ等では、踏切前で一時停止してはいけないことになっています。

The Tax System, and Filing Tax Returns 日本の納税制度・確定申告

日本人でも苦戦するそうですが、私達外国人にとってはより大きな難関です。
- Tax Returns（確定申告）
納めた税金の一部が「戻ってくる」ことから、return を使います。
- Tax Withholding Slip（源泉徴収票）
動詞 withhold には「天引きする」という意味があります。
- Expenses（経費）
▶ You can claim it as an expense.（それは経費で申請できるよ）

Hospital and Medicine 病院・薬

「病院や薬局の人の多くが英語を話せない」こと、「薬の説明文が読めない」ことに困りますね。薬の説明文って、難しい漢字が多いんですよね…。

▶ Take this medicine before each meal / after each meal / between meals.
（この薬を食前に／食後に／食間に摂ってください）

（スパルタ英会話 Carmen）

Talking About Yourself

自分のことを話す

Meeting for the First Time
初対面

　自己紹介は、いくつかフレーズを準備しておくことでなんとかできても、その後何か話を振られた時にうまく反応できなかったり、何を話せばいいかわからず、沈黙してしまったり…という方は多いのではないでしょうか。今回は上司の友人と初めて会う、という設定の会話を見ていきましょう。自分のことを話すだけでなく、積極的に相手に質問したり褒めたりできるようにしたいですね。

• Characters 登場人物 •

Mr. Suzuki（鈴木さん）

あなたの会社の上司。以前から親交のあるJay をあなたに紹介しようと食事に誘ってくれました。

Jay（ジェイ）

オーストラリア南部の街・メルボルン出身のビジネスマン。あなたとは今日が初対面です。

YOU（あなた）

英会話が上達せず悩んでいたら、鈴木さんから「友達の Jay とご飯に行こうよ」と誘われました。Jay と交流を深めて仲良くなりたいと思います。

66

Scene 1

Why You're Interested in Japan
日本に興味がある理由

メルボルン出身のJayですが、
以前より日本には詳しかったようです。

YOU

Were you interested in
Japan before you visited?

Yeah, I always loved
Japanese food.

You knew a lot about it
before you came here.

1 **2**
3 **4**

After coming here, I've
been into sushi. Do you
know any good sushi
places?

YOU   🗣 Say in English!

1 ええ、たくさん知ってますよ！

2 寿司といえばここ！という場所があ
りますよ。

3 実はそんなに知らないんです。普
段どこに行かれますか？

Answer 1 ▶ **Yeah**, I know a **lot**!

イヤァー, アィノゥア ロッт!

☞ I know a lot! はOKですが、I know many は×。many が形容詞なのに対し lot は「たくさん」という意味の**名詞**だからです。「たくさんのもの」という代名詞のように使えます。

例）たくさん食べた！ ○ I ate a lot! × I ate many!（many の後に名詞が必要。dishes など）

Answer 2 ▶ I know a place you **have** to go to when it comes to **sushi**.

アィ ノゥ ア pレイs ユー **ハ**f トゥー ゴー トゥー ウェn イッt カmz トゥー **ス**シ

☞ 「〜といえば」「〜ということなら」は when it comes to 〜という表現を使いましょう。

Answer 3 ▶ I actually don't **know** so much. **Where** do you usually go?

アィ アkチュアリー ドンt **ノ**ウ ソー マッチ **ウェ**ア ドゥー ユー ユージョアリー ゴー?

☞ 「それほど〜ではない」は not 〜 so much で表現できますね。

ダイアログをもう1度CHECK!

YOU: Were you **interested** in Japan before you **visited**?
（来日前から日本に興味があったんですか？）

Jay: **Yeah**, I **always** loved Japanese food.
（そうだね、前からずっと日本のご飯が大好きだったんだ）

Suzuki: You knew a **lot** about it before you came **here**.
（ジェイはこっちに来る前から日本食に詳しかったよね）

Jay: After coming **here**, I've been into **sushi**. Do you know **any** good sushi **places**?
（日本に来てからは寿司にハマっちゃってさ。どこかいい寿司屋知ってる？）

YOU: ❶ **Yeah**, I know a **lot**!
（ええ、たくさん知ってますよ！）

❷ I know a place you **have** to go to when it comes to **sushi**.
（寿司といえばここ！という場所がありますよ）

❸ I actually don't **know** so much. **Where** do you usually go?
（実はそんなに知らないんです。普段どこに行かれますか？）

Answer 1 It's really **good**!

イッツ リアリー **グ**ッd！

☞ 日本人は very good ばかり使いがちですが、同じニュアンスの really good も使ってみましょう。

Answer 2 **Everything** is delicious. I was **really** impressed!

エvウリthインg イz デリシャs　アィ ワz **リ**アリー イnプレst

☞ 「感動する」は「おお！すごい！」と感心する意味の場合は be impressed を使い、映画を見て悲しくなったり胸が熱くなったりするなど「心が動かされる」意味の場合は be moved または be touched を使います。

Answer 3 It's the **best** I've ever had! Do you **visit** here **often**?

イッツ ザ **ベ**スt アィv エvアー ハd！　ドゥー ユー **v**イズィット ヒア **オ**ッfn?

☞ It's the best I've ever had は「これは今まで経験した中で最も良い」という意味なので、「場所」「料理」「体験」などに対してオールマイティに使えます。ここでは I've ever visited としても、もちろん OK です。

ダイアログをもう1度CHECK!

Jay: Thanks for making the **reservations, Suzuki**.
（鈴木さん、予約してくれてありがとう）

Suzuki: No **problem**. They were kind of last **minute** though.
（いやいや。ちょっとギリギリになっちゃったけどね）

YOU: This is my **first** time here. It **must** be popular!
（私はここ、初めてなんです。とても人気なんでしょうね！）

Jay: **Yeah**, it is! So what do you **think**?
（うん、そうだよ！で、あなたはどう思った？）

YOU: ❶ It's really **good**!
（とてもいいですね！）

❷ **Everything** is delicious. I was **really** impressed!
（すべて美味しいです。感動しました！）

❸ It's the **best** I've ever had! Do you **visit** here **often**?
（これまで訪れた中で最高です！よくいらっしゃるんですか？）

70

Scene 3

Drinking in Japan
日本の飲み会

お酒が大好きなJay。
日本の「飲み会」という言葉にも興味津々のようです。

They call going out drinking "nomikai," huh.

YOU
Yeah, it literally means "drinking party."

Jay, I know you really like drinking.

Yeah, I love Japanese sake. You like nomikais too, right?

YOU   🔊 Say in English!

1 はい、たまに行くのが好きです。
2 もちろん！他の人を知るのにベストな方法ですよね。
3 ええ！日本には「飲みニケーション」という「飲みながら親睦を深める」という意味の言葉があります。

3択の英文は次のページ ➡   71

Answer 1 Yeah, I like to **go** at times.

イ**ヤ**ァー, アィ ライk トゥー **ゴー** アッ **タイ**mz

☞ at times で「たまに」「時々」。sometimes でも OK ですが、複数の言い方を使えるといいですね。

Answer 2 Definitely! It's the **best** way to get to know others.

デフェネイtリー！ イッツ ザ **ベス**t ウェイ トゥー ゲットゥー ノウ アザーz

☞ get to know「知る」「知り合いになる」。単なる know（知っているという「状態」）ではなく、「知ろうとする」という「動作」を表したい場合はこちらを使います。

Answer 3 Sure! In Japan, there's a word **"nomiication,"** meaning communication while **drinking**.

シュア！ イ n ジャパ n, ゼ**ア**z ア ワー d ノミ **ケー**ショ n,
ミーニン g コミュニケーショ n ワイ l d **リンキン** g

☞ meaning の代わりに関係代名詞を使って "which means communication while drinking" としても OK です。

ダイアログをもう1度 CHECK!

Jay: They call going out drinking **"nomikai,"** huh.
（飲みに行くことを日本だと「飲み会」って言うんだよね）

YOU: **Yeah**, it literally means "drinking **party**."
（ええ、文字通り「飲む会」ですからね）

Suzuki: **Jay**, I know you **really** like drinking.
（ジェイはお酒が大好きだよね）

Jay: **Yeah**, I love Japanese **sake**. You like nomikais too, **right**?
（ええ、特に日本のお酒は大好き。あなたも飲み会好きでしょ？）

YOU: **❶ Yeah**, I like to **go** at times.
（はい、たまに行くのが好きです）

❷ Definitely! It's the **best** way to get to know others.
（もちろん！他の人を知るのにベストな方法ですよね）

❸ Sure! In Japan, there's a word **"nomiication,"** meaning communication while **drinking**.
（ええ！日本には「飲みニケーション」という「飲みながら親睦を深める」という意味の言葉があります）

Studying Japanese
日本語の勉強

Jay のような日本語ノンネイティブにとって、
日本語は世界で最も習得難易度が高い言語の一つなのだそうです。

Recently I've been studying Japanese.

YOU
Wow, that's great! But Japanese seems difficult.

I know you're trying hard to speak Japanese.

Honorific language is so difficult. What's the best way of studying?

YOU | 🔊 Say in English!
1 たくさん話さないとですね。
2 知り合いとよく話す練習をしてみてください。
3 仕事以外でも日本語を使ってみてください。私も英語でそうしています。

Answer 1 You have to speak a **lot**.

ユー ハf トゥー sピーk ア **ロ**ット

☞ have to と must の違いはいくつかありますが、have to が『必要性』、must が『義務』と考えると分かりやすいです。例）You don't have to go.（行く「必要」はありません）/ You must not go.（行ってはいけません＝行かないという「義務」）

Answer 2 Practice speaking **often** with who you **know**.

pラクティ s s ピーキン g **オ**ッフ n ウィズ フー ユー **ノ**ウ

☞ 「who＋S＋V」で「〜という人」という名詞が作れます。who you know（あなたが知っている人）/ who you like（あなたが好きな人）/ who the company hires（その会社が雇っている人）

Answer 3 Try to use Japanese **outside** of work too. I do the **same** when studying **English**.

t ライ トゥー ユー z ジャパニー z **ア**ウ t サイ d オ v ワー k トゥー　アイ ドゥー ザ **セ**イ m ウェン s タディー ng **イ**n グリッシュ

☞ same（同じ）という言葉は、「何と同じなのか」が特定されていることが大半なので the がつきます。

Jay: **Recently** I've been studying **Japanese**.
（最近、日本語の勉強をしているんだ）

YOU: Wow, that's **great**! But Japanese seems **difficult**.
（おお、素晴らしいですね！でも日本語は大変でしょう）

Suzuki: I know you're trying **hard** to speak Japanese.
（日本語で話すとき、苦戦してるよね）

Jay: **Honorific** language is **so** difficult. What's the **best** way of studying?
（敬語がとても難しくて。どうやって身につければいいかな？）

YOU: ❶ You have to speak a **lot**.
（たくさん話さないとですね）

❷ Practice speaking **often** with who you **know**.
（知り合いとよく話す練習をしてみてください）

❸ Try to use Japanese **outside** of work too. I do the **same** when studying **English**.
（仕事以外でも日本語を使ってみてください。私も英語でそうしています）

Scene 5

What Do You Want to Do Next?
次はどうする？

良い時間を過ごせた Jay とあなた。
また近いうちに会うことを鈴木さんが提案してくれました。

It was great meeting you today. Thanks!

YOU
No, it was my pleasure. I hope we can meet very soon.

Why don't the two of you go together then?

Sure! How about going for some ramen?

YOU 　Say in English!
1 ラーメン！いいですね！
2 ぜひ。お気に入りは何ですか？
3 いいですね！そしたら、私が行った中で一番良かった所にお連れします。

Answer 1 **Ramen!** Sounds **great!**

ラーメn！ サウンzg**レイ**t！

☞ soy sauce ramen（醤油ラーメン）、miso ramen（味噌ラーメン）、salt-based ramen（塩ラーメン）、pork-bone ramen（豚骨ラーメン）、dried sardine ramen（煮干しラーメン）など、ラーメンの種類も知っておくと便利です。

Answer 2 **Sure.** What's your **favorite?**

シュア ワッツ ヨア **フェイv**アリッt？

☞ What do you like the most? とも聞くことができます。

Answer 3 **Great!** Then I'll take you to the **best** one I've **ever** had.

g**レイ**t！ ゼnアイ I テイkユートゥー ザ **ベス**tワnアイv **エ**vアー ハd

☞ お互いに話している対象（この場合はramen）がはっきり分かっている場合は「それ」という意味で、代名詞oneが使えます。

ダイアログをもう1度CHECK!

Jay: It was great **meeting** you today. **Thanks!**
（今日は会えてよかったよ。ありがとう！）

YOU: No, it was **my** pleasure. I **hope** we can meet very **soon.**
（こちらこそ、ありがとうございました。またすぐにお会いできればいいですね）

Suzuki: Why don't the **two** of you go **together** then?
（その時は、2人でどこか行ってきたらどう？）

Jay: **Sure! How** about going for some **ramen?**
（いいね！じゃあラーメン食べに行くのはどう？）

YOU: ❶ **Ramen!** Sounds **great!**
（ラーメン！いいですね！）

❷ **Sure.** What's your **favorite?**
（ぜひ。お気に入りは何ですか？）

❸ **Great!** Then I'll take you to the **best** one I've ever had.
（いいですね！そしたら、私が行った中で一番良かった所にお連れします）

COLUMN

「初対面の外国人と、何を話せばいいのかわからない」

　英語力とは別に「初対面という状況が苦手」という方は多いですね。スパルタ英会話では、「まず、相手に興味を持ちましょう」とアドバイスをしています。

　目の前に初対面の外国人がいる場面を想像してください。あなたはどんなことが「気になる」でしょうか。

「どうして日本にいるのだろう？」「どこ出身の方なんだろう？」
「日本には初めて来たのかな？」「どうして私に話しかけてきたんだろう？」

　相手に興味を持つと、自然とこんな疑問が出てくるはずです。あとは出てきた疑問をもとに英語を考えます。

What brought you here?（どうしてこちらにいらしたのですか）
Where are you from?（出身はどちらですか）
Have you ever visited Japan before?（これまでに日本を訪れたことはありますか）
Do you need some help?（何かお手伝いしましょうか）　※話しかけてきた＝助けが
必要かもしれないと考える。

　日本人は、初対面に限らず、「聞くべきことだけ」を効率的に聞こうとしてしまいがち。私はアメリカ人の友達にこう言われたことがあります。「日本人の会話って、なんか取り調べみたい（笑）。必要な情報だけを淡々と手に入れていく作業みたいで。もっと会話を楽しんだらいいのに」

　初対面という緊張する場でも、相手との会話を楽しもうとすることで、自然と話題が湧いて出てきたり、リアクションが出たりするはずです。もちろんせっかく質問したいことが浮かんだのに、英語が出てこなくて困らないように、事前の準備は必要です。もちろんその時々で「気になること」は変わりますが、予想できるものもあるはずです。初対面は緊張するもの。だからこそ、事前に「自分が使う可能性の高い英文リスト」をストックしておくことが大切です。

（スパルタ英会話　篠田）

After the Weekend
週末・休暇明け

"How was your weekend?"（週末どうだった？）

　週明けに英語ネイティブの知り合いに会うと、こんな質問をされることがよくあります。日本人はこうした質問に不慣れなので、"Good." "I enjoyed." などと一言で答えてしまいがちですね。4コマ・ダイアログでプラスアルファの一言の例を見ていきましょう。

● **Characters** 登場人物 ●

Korey（コーリー）

アメリカ・テキサス州出身。あなたの会社の同僚です。週明けの月曜朝に、会社の廊下であなたとばったり会いました。

YOU（あなた）

「社内で一番英語ができる」と周りから思われているあなたはなんとか面目を保とうと、頑張って英会話を勉強中です。

Doing Nothing
何もしなかった

せっかくの週末でしたが、
ずっと家にこもっていました。

What did you do over the weekend?

YOU

Nothing. I was tired, so I stayed in bed.

Why were you so exhausted?

YOU　　　　　　🅮 Say in English!

❶ 忙しくてね。
❷ 大きなプロジェクトを任されてて。
❸ やることがいっぱいあって。仕事はストレスがたまるしね。

3択の英文は次のページ ➡ 79

Answer 1 I've been **busy**.

アイv ビーn ビーズィー

👉 現在完了形にすると、"I'm busy." と比べて、より「最近ずっと忙しい」という意味合いを出せます。

Answer 2 I've been in **charge** of a big **project**.

アイv ビーn イn **チャージ** オv ア ビッg p**ロ**ジェクt

👉 be in charge of ～で「～担当の」。会社や役職の名前ではなく、「実際の業務内容」を伝える際、この表現や be responsible for ～も使えます。

Answer 3 I have a **lot** on my plate. Work has been **stressful** as well.

アィ ハv ア **ロ**ッt オn マィ pレイt　ワーk ハz ビーn st**レ**スフォ アz ウェl

👉 "I have a lot on my plate." は直訳すると「自分のお皿がいっぱいになっている」。お皿の上に、料理が目一杯盛られている様子を想像してください。ここから、「やることがたくさんあって余裕がない様子」を表します。

ダイアログをもう1度CHECK!

Korey: What did you **do** over the **weekend**?
（週末は何をしてたの？）

YOU: **Nothing**. I was **tired**, so I **stayed** in bed.
（何も。疲れてたからゴロゴロしてたよ）

Korey: Why were you so **exhausted**?
（なんでそんなに疲れてたの？）

YOU: ❶ I've been **busy**.
（忙しくてね）

❷ I've been in **charge** of a big **project**.
（大きなプロジェクトを任されてて）

❸ I have a **lot** on my plate. Work has been **stressful** as well.
（やることがいっぱいあって。仕事はストレスがたまるしね）

Scene 2

Catching a Cold Last Week
先週風邪を引いていた

先週風邪を引いていたあなた。
週が明けてもなかなか回復しないようです。

You had a cold last week, right? Are you alright?

YOU
No, I haven't gotten better at all.

That's no good! Have you been taking medicine?

YOU　● Say in English!

1 うん、飲んだよ。
2 飲んだんだけど、効いてないみたいなんだよね。
3 医者に行って、処方された薬を飲んでるよ。

6 | After the Weekend

3択の英文は次のページ ➡ 81

Answer 1 **Yeah**, I took it.

イヤァー、アィ トゥッk イッt

☞ take medicine で「薬を飲む」。ついhaveやget、drinkと言いがちですが、このセットで覚えましょう。

Answer 2 I **did**, but it doesn't seem to be **working**.

アィ **ディ**d, バット イッt ダズンt スィーm トゥー ビー **ワーキ**ンg

☞ この"I did"のように、会話では特定の動詞を使わずに「(それを)やったよ」と事実を伝える方法はよく使われます。

Answer 3 I went to the **doctor's** and they gave me some **medicine**.

アィ ウェントゥー ザ **ド**kターz アンd ゼイ ゲイv ミー サm **メ**ディスn

☞ medicine は数えられない名詞ですが、someがついています。このsome は「いくつかの」ではなく、「ここにある(存在している、用意がある)」という事実を表現しています。
例)Do you need some coffee?(コーヒーあるけど、どう?)

ダイアログをもう1度CHECK!

Korey: You had a **cold** last week, right? Are you **alright**?
(先週は風邪引いてたよね?大丈夫?)

YOU: **No**, I **haven't** gotten better at all.
(いや、まだ全然治ってないんだ)

Korey: That's **no good**! Have you been taking **medicine**?
(ダメじゃないか!薬は飲んでる?)

YOU: ❶ **Yeah**, I took it.
(うん、飲んだよ)

❷ I **did**, but it doesn't seem to be **working**.
(飲んだんだけど、効いてないみたいなんだよね)

❸ I went to the **doctor's** and they gave me some **medicine**.
(医者に行って、処方された薬を飲んでるよ)

Scene 3

Coming Back From a Long Vacation
長い休暇明けの出勤

長めの休暇明けで、今日は久しぶりの出勤です。

Wow, long time no see! How was Hawaii?

YOU
It was great, so different from Japan.

What did you do?

YOU   ● Say in English!
1 のんびりしたよ。
2 ビーチでゆっくりしてたよ。
3 景色を見て回ったり、ビーチを見に行ったりしたよ。

3択の英文は次のページ ➡

6 | After the Weekend

Answer 1 I **chilled.**

アィ **チル**d

☞ chill には「冷やす」という意味のほかに、「落ち着く」「のんびりする」という意味もあります。

Answer 2 I was taking it **easy** at the beach.

アィ ワzテイキンg イットイーズィー アッ ザ ビーチ

☞ take it easy を「気楽にね」という意味で覚えている方が多いですが、そこから転じて「ゆっくりくつろいで過ごす」という意味でも使います。

Answer 3 I went **around** and saw the **sights,** and checked out the **beaches.**

アィ ウェンtァ**ラ**ウンd アンd ソー ザ **サ**イツ, アンd チェックtアウt
ザ **ビ**ーチィz

☞ go around で「歩き回る」。check out は「（ホテルで）チェックアウトする」のほか「調べる」「確かめる」という意味もあります。あの "Check it out!"の check out はこちらの意味ですね。

ダイアログをもう1度CHECK! 🎧 088

Korey: Wow, long time **no see!** How was **Hawaii?**
（おお、久しぶり！ハワイはどうだった？）

YOU: It was **great,** so **different** from Japan.
（日本と違ってすごく快適だったよ）

Korey: What did you **do?**
（どんなことをしたの？）

YOU: ❶ I **chilled.**
（のんびりしたよ）

❷ I was taking it **easy** at the beach.
（ビーチでゆっくりしてたよ）

❸ I went **around** and saw the **sights,** and checked out the **beaches.**
（景色を見て回ったり、ビーチを見に行ったりしたよ）

Answer 1 ▶ You didn't **have** to! **Thanks**!

ユー ディドゥンt ハf トゥー！　thアンks！

☞ "You didn't have to!" はそのまま訳すと「そんなことしなくてよかったのに！」。自分が想像していた以上のことがあって驚いた場合に使います。良い意味でも悪い意味でも使いますが、今回はもちろん良い意味ですね。

Answer 2 ▶ **Wow**, I don't **know** what to say.

ワォ, アィ ドンt ノウ ワットゥー セイ

☞ 「言葉が見つからない」を置き換えると「なんて言えばいいか分からない」。ここでは言葉で言い表せないほどの喜びを表しています。似た言い方に I can't come up with anything.（何も思いつかないよ）があります。

Answer 3 ▶ **Amazing**! How did you **know** this is what I **wanted**?

アメイズィンg！　ハゥ ディdユー ノウ ディsイzワットアィ ウォンティっd？

☞ How did you know（that）＋S＋V?（〜であることをどうやって知ったの？）の構文ですね。what I wanted で「私がほしいと思っていたもの」。

ダイアログをもう1度CHECK!

Korey: **Oh** yeah, happy belated **birthday**.
（そうだ、遅くなったけど誕生日おめでとう）

YOU: **Wow**, thanks for **remembering**.
（おお、覚えていてくれてありがとう）

Korey: I know it's a bit **late** as well, but I got you a **present**.
（これもちょっと遅れたけど、プレゼントだよ）

YOU: ❶ You didn't **have** to! **Thanks**!
（そんな必要なかったのに！ありがとう！）

❷ **Wow**, I don't **know** what to say.
（わあ、言葉が見つからないよ）

❸ **Amazing**! How did you **know** this is what I **wanted**?
（最高！これがほしいってどうやってわかったの？）

Scene 5

I have Plans...
予定が…

次の週末にKoreyからお誘いを受けましたが、
その時の予定がまだわかりません。

Do you have any plans next weekend?

YOU
I might have something going on.

I'm having a party at my place. Do you want to come?

YOU   Say in English!
1 何曜日?
2 予定を調整してみるね。
3 ホームパーティー?何をするかはもう考えてるの?

6 | After the Weekend

Answer 1 What **day**?

ワットデイ？

☞ 厳密には "What day is the day?" と言うべきですが、これだけでも十分伝わります。

Answer 2 I'm trying to **switch** around my schedule.

アイm トt ラインg トゥー sウィッチ ァラウンd マィ スケジュール

☞ 「予定を調整する」という意味で switch around one's schedule をぜひ覚えてください。switch around は「あちこち切り替える」から「調整する」「調節する」というニュアンスになります。

Answer 3 A house **party**? Do you already **know** what you're going to **do**?

ァ ハウs パーティー？　ドゥー ユー オーlレディ ノウ ワットユア ゴーインg トゥー ドゥー？

☞ already は現在完了形や過去完了形の例文などでよく登場しますが、完了形のときにしか使わないと思い込まないでくださいね。現在形・過去形の文でも問題なく使えます。

ダイアログをもう1度 CHECK!

Korey: Do you have any **plans** next **weekend**?
（次の週末はなにか予定あるの？）

YOU: I **might** have something going on.
（ないこともないかな）

Korey: I'm having a **party** at my place. Do you want to **come**?
（うちでパーティーするんだ。来る？）

YOU: ❶ What **day**?
（何曜日？）

❷ I'm trying to **switch** around my schedule.
（予定を調整してみるね）

❸ A house **party**? Do you already **know** what you're going to **do**?
（ホームパーティー？何をするかはもう考えてるの？）

It's been a while. を文法的に説明すると…？

　Long time no see! と同じく「久しぶり！」という意味で使われる、このフレーズ。ある生徒さんから、「It's been a while. が、なぜこのような意味になるのかわからない」との質問を受けました。たしかに It's が It is だとすると、is と been（be の過去分詞形）、2つの be 動詞が連続していることになり、説明がつきません。一体どういうことなのでしょうか。

　it's は、多くの場合 it is の縮約形として用いられますが、実は it has の縮約形でもあります。この文の意味を考えると、a while が「しばらくの間」なので、「（前回会った時から）しばらく時間が経ったね！」という、現在完了形の「継続」の用法であることがわかります。

　it is と it has の縮約形が同じ形では混乱が生じるため、書き言葉など多くの場合は it has は縮約されません。ただ、会話表現はテンポが重視されるため、発音がよりスムーズになるように縮約される場合があります。

　この文のように、ネイティブは会話の際に「より速く情報を伝えること」を優先することがあります。そうしようと意識しているのではなく、スピード重視の会話をする中で自然とそうなったという方が正しいですね。ほかの例もご紹介します。

It ain't

　もともと ain't は am not の縮約形でしたが、is not / are not / have not / has not の縮約形としても用いられるようになりました（かなりカジュアル）。

That's a better choice.

　前後の文脈がない状態で比較級を使うのは厳密には誤用です。

　文章を書く時やフォーマルな場ではより丁寧な方が良いですが、話の流れやスピードに重きが置かれる会話では、むしろこれらの表現が一般的。「正しい」文章を話すことも確かに大切ですが、こうした「迅速さ」や「発音のしやすさ」もコミュニケーションでは重要だということですね。

　　　　　　　　　　　　　　　　　　　　　　　　（スパルタ英会話 篠田）

Recent Trends: Working Out
最近のブーム：筋トレ

近年、日本でも筋トレ（筋力トレーニング）がブームになりつつあります。一般の方であってもパーソナルトレーナーをつけたり、24時間営業のジムも増えていたり、筋トレをしている人が珍しくなくなっていますね。ここでは筋トレにはまっている Tim とのスモールトークに挑戦します。筋トレ以外の話題でも使える表現満載です。英会話力も筋トレと同じで、使わないとすぐ衰えてしまいます。Let's 実践＆継続！

● Characters 登場人物 ●

Tim（ティム）

ロサンゼルス出身の24歳であなたの友人です。この前までは普通の体型だったのに、先日の帰省中に筋トレにはまったらしく、体が一回り大きくなっていました。

YOU（あなた）

久しぶりに Tim に再会。見た目が変わった Tim に興味津々です。あなたも身体を動かしたり鍛えたりしてみたいと思っていたので、いろいろ聞いてみます。

Answer 1 Wow, that's **amazing**!

ワォ, ザッツ アメイズィんg！

☞ ここでの「すごい」は驚きを表しているので、amazing（動詞amazeの意味が「びっくり仰天させる」）やI'm surprised（驚いている）、I'm impressed（感銘を受けている）などと言えます。

Answer 2 You look **great**. How did you **do** that?

ユー ルッkgレイt　ハゥ ディdユー **ドゥー** ザッt？

☞ 同じ場面でI can definitely tell! という返し方もできます。tellには「見分ける」という意味があり、ここでは相手の体型の変化が「ハッキリわかるよ！」（＝成果が出ているね！）という意味になります。

Answer 3 No **wonder**! You need to help **me** get into shape **too**.

ノー **ワ**nダー！　ユー ニーdトゥー ヘルp ミー ゲッt イnトゥー シェイp トゥー

☞ No wonder!で「どうりでだ！」「なるほど！」。「そんな体型になる」はget into shapeという「シェイプアップする」「身体を鍛える」という意味の熟語を使います。intoの代わりにinでもOKです。

ダイアログをもう1度CHECK! 🎧 097

Tim: **Hey**, long time **no** see ○○!
（あれ、久しぶり、○○！）

YOU: **Yeah**! Wow, you got really **buff**!
（うん！おお、すごくたくましくなったね！）

Tim: **Thanks**. I've been **working** out for about **6** months now.
（ありがとう。半年前から筋トレを続けてるんだ）

YOU: ❶ Wow, that's **amazing**!
（おお、すごいじゃん！）

❷ You look **great**. How did you **do** that?
（いい感じだね。どうやって鍛えたの？）

❸ No **wonder**! You need to help **me** get into shape **too**.
（どうりで！私もそんな体型になれるように助けてよ）

Workout Plan
トレーニングプラン

筋トレを継続しているTim。
どんなことをやっているのでしょうか。

Answer 1 ▶ It makes **sense**. I'll **try** it!

イットメィkセンs　アイltラィイット！

☞ 「やってみる」という意味で、ついchallengeと言いがちですが、こちらは「抗議する」「異議を唱える」というニュアンスがあります。tryの方がシンプルに意図が伝わりやすいです。

Answer 2 ▶ That **doesn't** sound so difficult!

ザットダズンt サウンd ソー ディフィカルt！

☞ 「そんなに難しくない」はnot（〜）so difficult。ほかにはnot（〜）super difficultやnot（〜）that difficultと言うネイティブもいます。

例）That doesn't sound super difficult.（めっちゃむずいって訳ではなさそう）/ That doesn't sound that difficult.（そこまで難しくはなさそう）

Answer 3 ▶ So I don't **even** have to go to the **gym**?

ソー アィ ドンt イーvウn ハf トゥー ゴー トゥー ザ ジm？

☞ このように肯定文でも「語尾のトーンを上げる」だけで疑問文にすることができます。会話で時折使います。

例）You had a fun? = Did you have a fun?（楽しかった？）

例）It makes sense?/Make sense? = Does it make sense?（わかる？）

ダイアログをもう1度CHECK! 🎧100

Tim: **Why** don't you try working out, **too**?

（よかったら、筋トレしてみない？）

YOU: I want to get **started**. What did you **do** to get **ripped** like that?

（私も始めてみたい。何をしたらそんなに筋肉がつくの？）

Tim: **Basic** workouts are important such as push-ups and **sit-ups.**

（腕立てとか腹筋とか、そういう基本的な筋トレが大事なんだ）

YOU: ❶ It makes **sense**. I'll **try** it!

（なるほど。やってみるよ！）

❷ That **doesn't** sound so difficult!

（そんなに難しくなさそうだね！）

❸ So I don't **even** have to go to the **gym**?

（じゃあ、ジムに行く必要すらないんだね？）

Scene 3

What Has Changed After Working Out
筋トレしてからの変化

筋肉がつくこと以外にも
筋トレには様々な恩恵があるようです。

Are you starting to see results?

YOU
I often get told that my posture has gotten better!

1 2
3 4

That's great! When your posture changes, other good things will follow.

YOU 🐦 Say in English!
1 待ちきれないなあ。
2 うん、他の変化を見るのもワクワクするよ!
3 体幹トレーニングは、姿勢が良くなればなるほど効果が高まるよね。

3択の英文は次のページ ➡ 95

Answer 1 I can't **wait**.

アィ キャンt ウェイt

☞ 「待ちきれない＝待つことができない（くらい楽しみだ）」と置き換えると訳しやすいですね。「楽しみ！」にあたる表現としては "I'm looking forward to it!" が有名ですが、こちらもよく使われます。

Answer 2 **Yeah**, I'm **excited** to see other changes!

イヤァー, アィm エkサイティッd トゥー スィー アザー チェンジィz！

☞ 「ワクワクする」は excited 以外には thrilled があてられますが、文脈によっては「ゾクゾクする」「ゾッとする」と言うような悪い意味で使われる場合もあります。

Answer 3 When it comes to core **training**, the **better** your **posture** becomes, the **better** your **results** will be.

ウェンイットカムzトゥー コアtレイニンg, ザ ベター ヨア ポsチャー ビカムs, ザ ベター ヨア リザルツ ウィlビー

☞ 「〜すればするほど、より…である」は「the 形容詞の比較級 S＋V, the 形容詞比較級 S＋V」で表現します。会話では the sooner, the better.（早ければ早いほどいい）など、the＋比較級だけを使うことが多いです。

ダイアログをもう1度CHECK！

Tim: Are you **starting** to see **results**?
（効果は感じてる？）

YOU: I often get **told** that my **posture** has gotten **better**!
（姿勢が良くなったってよく言われるようになったよ！）

Tim: That's **great**! When your posture **changes**, other **good** things will follow.
（それは素晴らしいね！姿勢が良くなるといいことが色々あるからね）

YOU: **1** I can't **wait**.
（待ちきれないなあ）

2 **Yeah**, I'm **excited** to see other changes!
（うん、他の変化を見るのもワクワクするよ！）

3 When it comes to core **training**, the **better** your **posture** becomes, the **better** your **results** will be.
（体幹トレーニングは、姿勢が良くなればなるほど効果が高まるよね）

I Don't Like It So Much
筋トレはそんなに好きじゃない

あなたも筋トレを始めてみたのですが、
どうもしっくりこないようです。

Now that you've started,
how has it been?

YOU
Actually, I realized I don't
really like it.

Oh, then maybe you can try
something easier.

YOU　　🎤 Say in English!
1 うん、そうだね。
2 何か初心者向けのものから始める
べきかな。
3 ヨガもやってみたいと思っていたか
ら、今がその時かな。

3択の英文は次のページ ➡

Answer 1 ▶ **Yeah**, you're right.

イヤァー, ユア ライt

☞ 会話では "Yeah, <u>you right</u>." （you're right. の are を省略しています。フランク
な会話で稀に聞かれます）や right. と、より短くして登場することもあります。

Answer 2 ▶ I **think** I should start with **something** for **beginners**.

アィ **th**イン k アィ シュッ d s ターt ウィz **サ**ム th イ ng フォー ビ**ギ**ナー z

☞ start with〜「〜から始める、〜を皮切りに始める」。「〜から」から連想され
るのは from だと思いますが、そちら（start from〜）は I'll start working from
9 am. など、「特定の時間やタイミング」を表す語句と一緒に使います。

Answer 3 ▶ I've **always** wanted to try **yoga** too, so **now** is the
time.

アィ v **オ**ー l ウェイ z ウォンティッ d トゥー t ラィ **ヨガ** トゥー, ソー **ナ**ゥ イ z ザ
タイ m

☞ 現在完了形にするのがポイント。「ずっとやりたかったんだ」とその動作が過
去から現在まで続いている（継続）というニュアンスをより正確に表せます。
"now is the time"（今がその時かな）は日本語だとちょっと気取ったように聞
こえるかもしれませんが、「(今こそ)始めてみようかな」というニュアンスで、
日常的によく使われる表現です。

ダイアログをもう1度CHECK! 106

Tim: **Now** that you've started, how has it **been**?
（実際に始めてみて、調子はどう？）

YOU: **Actually,** I realized I don't really **like** it.
（実は、そんなに好きじゃないみたい）

Tim: **Oh,** then **maybe** you can try something **easier.**
（じゃあ、何かもっと簡単な運動がいいかもね）

YOU: ❶ **Yeah,** you're right.
（うん、そうだね）

❷ I **think** I should start with **something** for **beginners**.
（何か初心者向けのものから始めるべきかな）

❸ I've **always** wanted to try **yoga** too, so **now** is the time.
（ヨガもやってみたいと思っていたから、今がその時かな）

3択の英文は次のページ ➡

Answer 1 Let's run **together**!

レッツ ラn トゥ**ゲ**ザー！

☞ 「走って<u>みよう</u>」というニュアンスを出したい場合はLet's try（running）together! という言い方もできます。

Answer 2 One **lap** is around **5 km**.

ワn **ラッ**p イz ァ ラウンd **ファ**イv キ ラミターz

☞ 5キロメートル＝約3.1マイル。Timの出身のアメリカだと距離の単位にはマイルが使われるため、こちらで言えるとさらに親切ですね。

Answer 3 It's a very **beautiful** run with great **sights**!

イッツ ア v エリー **ビュー**ティフォウ ラn ウィzg レイt **サ**イツ！

☞ course を使ってもいいのですが、「進路・方針・筋道・過程・（食事の）コース」と意味が多いため、別に適した言葉があるときはそちらが優先される場合があります。走るコースの場合はrunやtrackが用いられます。

🎧109

ダイアログをもう1度CHECK!

Tim: **Why** do Japanese people run around the **Imperial** Palace?
（どうして日本人は皇居周辺を走るの？）

YOU: **Well**, Tokyo has **few** places where you can run **non-stop**.
（東京って、ノンストップで走れる場所がほとんどないんだよね）

Tim: It would be **like** running around the **White** House. **Interesting**.
（たとえるならホワイトハウスの周りを走ってるみたいなものかな。面白いね）

YOU: ❶ Let's run **together**!
（一緒に走ろうよ！）

❷ One **lap** is around **5 km**.
（一周は5キロくらいだよ）

❸ It's a very **beautiful** run with great **sights**!
（景色のいい、すごく綺麗なコースだよ）

COLUMN

筋トレ関連表現

　私がアメリカ留学中に通っていた大学付属のジムでは、体育会系のみならず様々な学生、そして地域の人々がトレーニングに精を出していました。実は、ジムは自然と「話すきっかけ」を作りやすい貴重な場所。今回は、ジムに関する用語と役立つフレーズをご紹介します。

- **筋トレ working out**（名）
▶ Working out is really popular among Americans.（アメリカの人々の間で筋トレは大人気だ）
- **マッチョ buff**（形）
▶ I like your buff body!（そのマッチョな身体いいね！）
- **プロテイン protein**（名：「タンパク質」と同じ単語）
▶ What type of protein drink do you like?（どんなプロテインドリンクが好き？）
- **体を鍛える／シェイプアップする get into shape**（動）
▶ I get into shape by going to a gym.（ジムに行って身体を鍛えてるんだ）
- **筋骨隆々とした ripped**（形）
▶ I wanna get ripped like the magazine model!（あの雑誌のモデルみたいに筋骨隆々になりたいな！）
- **腕立て伏せ push-up**（名）
▶ Do 100 push-ups right now!（今から腕立て100回！）
- **腹筋運動 sit-up**（名）
▶ Sit-ups may be ineffective if you do incorrectly.（腹筋は正しい方法でやらないと効果がない）
- **姿勢 posture**（名）
▶ The CEO has great posture.（あの社長は背筋がよく伸びている）
- **バーベル barbell**（名）
▶ You can adjust the barbell's weight, for the amount you can lift.（バーベルは、自分が持ち上げられるように重さを調節できる）

ぜひ一度、外国人と「筋トレトーク」で盛り上がってみてくださいね！

（スパルタ英会話　篠田）

House Party
ホームパーティー

　欧米で生活すると必ずと言っていいほど、「ホームパーティー」に誘われます。欧米のホームパーティーとは雰囲気が異なりますが、日本にも「たこ焼きパーティー」など日本ならではの楽しみ方がありますね。ここでは料理を持ち寄る食事会の設定で、日本に来たばかりのTiffanyとの交流を体験しましょう。ちなみに「ホームパーティー」は和製英語です。英語では"House Party"といいます。

• Characters 登場人物 •

Tiffany（ティファニー）
アメリカのアラスカ州出身の20歳。日本の大学に留学しに最近日本にやってきたばかり。今日は同級生のあなたが主催するホームパーティーに参加します。

YOU（あなた）
実家のマンションに友達を数人招いて、ホームパーティーをすることにしました。Tiffanyに日本の食事について教えてあげたりしたいと思います。

Potluck Dinner
料理の持ち寄り会

今夜のホームパーティーでは、
みんながそれぞれの料理を持ち寄ることになっています。

I've really been looking forward to tonight!

YOU

Me too! Thanks for preparing something, Tiffany.

It's no problem! So what did you make?

YOU　　　📞 Say in English!

1️⃣ 天ぷらだよ。
2️⃣ 焼き鳥をさっき作ったよ。
3️⃣ この唐揚げ、食べてみたことある？
日本流のフライドチキンなんだ。

3択の英文は次のページ ➡ 103

Answer 1 ▶ Some **tempura**.

サ m テンプラ

☞ 余談ですが、筆者はアメリカで「揚げ巻き寿司」を食べたことがあります。揚げ物を具にしているのではありません。巻き寿司が丸ごと天ぷらのように衣付きで揚げられています。味は決して悪くないのですが、見た目が…（最近は日本にもあるようです）。

Answer 2 ▶ I just **made yakitori**, Japanese **grilled** chicken.

アィ ジャ st **メイ** d **ヤキト** リ, ジャパニー z **グリル** d **チキ** n

☞ 「焼き鳥」はそのまま yakitori でも通じる場合もありますが、grilled chicken と言ったほうが親切です。そのまま直訳すると英語になる、日本料理では珍しい例ですね（他には miso soup など）。

Answer 3 ▶ Have you **ever** tried this **karaage**? It's Japanese-style **fried** chicken.

ハ v ユー **エ** v アー t ラィ d ディ s **カラアゲ**?　イッツ ジャパニー z sタイ l f **ラィ** d チキ n

☞ ○○-style で「〜流／風／式」。名詞・形容詞として使うことができます。

ダイアログをもう1度CHECK!　🎧113

Tiffany: I've really been looking **forward** to tonight!
（今夜をすごく楽しみにしてたんだ！）

YOU:　Me **too**! Thanks for **preparing** something, Tiffany.
（私も！ティファニーも準備してきてくれてありがとう）

Tiffany: It's no **problem**! **So** what did you **make**?
（いやいや！何を作ったの？）

YOU:　❶ Some **tempura**.
（天ぷらだよ）

　❷ I just **made yakitori**, Japanese **grilled** chicken.
（焼き鳥をさっき作ったよ）

　❸ Have you **ever** tried this **karaage**? It's Japanese-style **fried** chicken.
（この唐揚げ、食べてみたことある？日本流のフライドチキンなんだ）

Scene 2

What Kind of Food Is This?

これはどんな食べ物？

メインの料理として手巻き寿司を用意していたら、
Tiffany が興味を示しました。

Are you making rice balls?

YOU
No, these are hand rolls.
It's a type of sushi!

1 2
3 4

Oh, is this called sushi too?

YOU　　🔊 Say in English!

1 うん、寿司だよ！
2 うん、寿司にはたくさん異なる種類
があるんだ。
3 うん、寿司の一つだよ。ほかには
ちらし寿司とかいなり寿司とか。

3択の英文は次のページ ➡ 105

Answer 1 ▶ **Yeah**, it's **sushi!**

イヤァー, イッツ スシ！

☞ "sushi" と聞いて「どの種類の寿司が思い浮かぶか」は国ごとに異なります。日本人は握り寿司を浮かべる場合が多いと思われますが、巻き寿司など、生魚を必要としない寿司の方がメジャーな国もあります。

Answer 2 ▶ **Yeah**, there are many **different** kinds of sushi.

イヤァー, ゼア アー メニィ **ディ**ファレンt カインz オv スシ

☞ "many different" は various（様々な）, several（いくつかの）にも置き替え可能です。

Answer 3 ▶ **Yeah**, it's **just** one of them. **Chirashi** and **Inari** are some other types.

イヤァー, イッツ **ジャ**st ワn オv ゼm　**チラシ** アンd **イナリ** アー サm アザー タイ ps

☞ "one of them" は「その内の一つ」「その中の一人」。them（彼ら・彼女ら）という言葉を使っていますが、人だけでなくモノにも使える表現です。また、後半の〜are some other types「（同じものの）異なる種類の一つである」というフレーズは、one of them とよくセットで使われます。

ダイアログをもう1度CHECK!

Tiffany: Are you making **rice** balls?
（おにぎり作ってるの？）

YOU: **No**, these are **hand** rolls. It's a **type** of sushi!
（いや、これは手巻き寿司っていう寿司の一種だよ！）

Tiffany: **Oh**, is this called sushi **too**?
（へえ、これも寿司なの？）

YOU: ❶ **Yeah**, it's **sushi!**
（うん、寿司だよ！）

❷ **Yeah**, there are many **different** kinds of sushi.
（うん、寿司にはたくさん異なる種類があるんだ）

❸ **Yeah**, it's **just** one of them. **Chirashi** and **Inari** are some other types.
（うん、寿司の一つだよ。ほかにはちらし寿司とかいなり寿司とか）

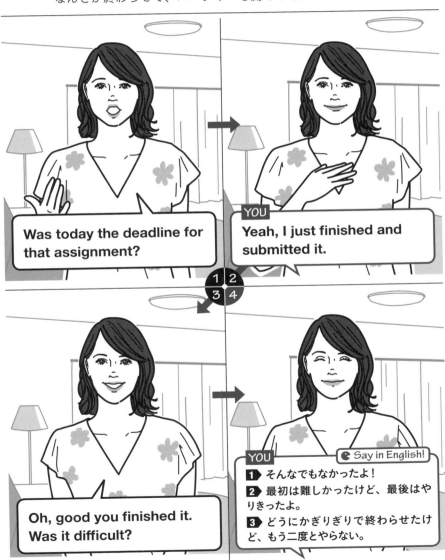

Scene 3

How's Your Homework?
学校の課題は？

実は今日、学校の課題に追われていたあなた。
なんとか終わらせて、パーティーを開くことができました。

Was today the deadline for that assignment?

YOU
Yeah, I just finished and submitted it.

Oh, good you finished it. Was it difficult?

YOU　🗨 Say in English!
1 そんなでもなかったよ！
2 最初は難しかったけど、最後はやりきったよ。
3 どうにかぎりぎりで終わらせたけど、もう二度とやらない。

8 | House Party

3択の英文は次のページ ➡　107

Answer 1 **Not** so much!

ノットソー マッチ！

☞ Not really! もほぼ同じ意味です。

Answer 2 It **was** at first, but I **pulled** through.

イット **ワ**z アット ファーst, バット アィ **プ**ルd th ルー

☞ pull through には「乗り切る、切り抜ける」という意味があります。「〜を乗り切る」と言いたい場合は後ろにそのまま名詞を置きます。例）I finally pulled through the situation.（最後にはその状況を切り抜けた）

Answer 3 I managed to **finish** it at the last **minute**, but I won't **ever** do that again.

アィ マネイジd トゥー **フィ**ニッシュ イットt アットt ザ ラスt **ミ**ニッt, バット アィ ウォンt **エ**v アー ドゥー ザットt ァゲイn

☞ won't（意志を表す will の否定形）に ever（決して）と again（もう一回）をつけることで「もう二度とない」という強い意志を示す文になります。似たような言い回しに That can never, ever happen again.（そんなことはもう二度と起きない）があります。

ダイアログをもう1度CHECK!

Tiffany: Was **today** the deadline for that **assignment**?

（あの課題って今日が提出期限だったよね？）

YOU: **Yeah**, I just **finished** and submitted it.

（うん、ついさっき終わらせて出したよ）

Tiffany: Oh, **good** you finished it. Was it **difficult**?

（お、終わったんだね。大変だった？）

YOU: ❶ **Not** so much!

（そんなでもなかったよ！）

❷ It **was** at first, but I **pulled** through.

（最初は難しかったけど、最後はやりきったよ）

❸ I managed to **finish** it at the last **minute**, but I won't **ever** do that again.

（どうにかぎりぎりで終わらせたけど、もう二度とやらない）

Scene 4

Sweet Tea
「甘い」お茶

コップに注がれている緑茶に、
Tiffany が砂糖を入れようとします。

Oh, you have tea! Can I put sugar in it?

YOU
What? You can't put sugar in green tea.

8 | House Party

Wait, isn't tea supposed to be sweet?

YOU　　　　🌀 Say in English!

1 いや、日本では違うよ。

2 日本のお茶には砂糖は入れないんだよ。

3 ほかの国では普通だと思うけど、日本人は普通そうはしないよ。

3択の英文は次のページ ➡ 109

Answer 1 ▶ No, not in Japan.

ノー, ノットイn ジャパn

☞ 厳密には "No, that's not the case in Japan." と言う方が丁寧ですが、今回のようなカジュアルな場では単に "No, not in Japan." と要点だけを短く伝えることがあります。

Answer 2 ▶ We **don't** put sugar in **Japanese** tea.

ウィー ドンt プットシュガー イn ジャパニーz ティー

☞ 「砂糖を入れる」という表現は絶対に put sugar と言わなければいけないわけではなく、take sugar, add sugar などの言葉も使えます。砂糖を入れたいか尋ねるときは、Do you like sugar?（砂糖はお好みですか＝砂糖は入れたいですか）とも言えますね。

Answer 3 ▶ I think it's common in **other** countries, but **we** don't normally do that.

アィ thインk イッツ コモn イn **ア**ザー カントリーz, バット**ウィー** ドンt ノーマリー ドゥー ザッt

☞ common「共通の・普通の」。日本語の「常識」はこの単語を使った common sense という表現が一番近いです。

ダイアログをもう1度CHECK!

Tiffany: Oh, you have **tea!** Can I put **sugar** in it?
（お、お茶があるんだね！砂糖を入れてもいい？）

YOU: What? You **can't** put sugar in green tea.
（え？緑茶に砂糖なんて入れちゃダメだよ）

Tiffany: Wait, isn't tea **supposed** to be sweet?
（え、お茶って甘いものでしょ？）

YOU: ❶ No, not in Japan.
（いや、日本では違うよ）

❷ We **don't** put sugar in **Japanese** tea.
（日本のお茶には砂糖は入れないんだよ）

❸ I think it's common in **other** countries, but **we** don't normally do that.
（ほかの国では普通だと思うけど、日本人は普通そうはしないよ）

Bringing Home Leftovers
余った料理を持ち帰る

少し料理が余ってしまいました。
その料理をTiffanyがじっと見つめています。

> The party is almost over, but there's still a lot of food leftover.

YOU
> That's okay. I was planning to give it to my family.

> Can I take some home too?

YOU 🗨 Say in English!
1 どうぞ！
2 もちろんだよ！
3 いいよ、何か入れるものは持ってる？なければ少し貸すよ。

8 | House Party

3択の英文は次のページ ➡ 111

Answer 1 **Go** for it!

ゴー フォー イッt！

☞ Go for it!は通常「頑張れ！」「ファイト！」という意味で使われますが、ここでは「励ます」という意味から転じて「どうぞ」というGo ahead.に近い意味で使われています。

Answer 2 Of **course**, why not?

オfコーs, ワイ ノッt？

☞ Of courseのみで「もちろん」という意味ですが、why not? を付け加えることで「より強い同意」を表します。似た意味を表す言葉を並べることで、より強調した言い回しになります。例）Yeah, sure!（強い同意）/ Thanks, I appreciate it.（感謝の気持ちを念押し）

Answer 3 **Sure**, do you have any **containers**? If **not**, I can **lend** you some.

シュア, ドゥー ユー ハv エニィ コンテイナーz？ イf ノッt, アィ キャn レンd ユー サm

☞ If notは「もし違うなら」「もしそうでないなら」。前の文を受けて、話を展開する接続詞的な使い方をします。

ダイアログをもう1度CHECK!

Tiffany: The party is almost **over**, but there's still a **lot** of food leftover.

（もうすぐパーティーも終わるけど、まだ結構料理が余っちゃってるね）

YOU: That's **okay**. I was **planning** to give it to my **family**.

（大丈夫だよ。余った分は家族で食べようと思ってたから）

Tiffany: Can I take some **home** too?

（ちょっと私も持って帰ってもいい？）

YOU: ❶ **Go** for it!

（どうぞ！）

❷ Of **course**, why not?

（もちろんだよ！）

❸ **Sure**, do you have any **containers**? If **not**, I can **lend** you some.

（いいよ、何か入れるものは持ってる？なければ少し貸すよ）

パーティーに参加！知っておくと得する3つのポイント

　外国人が主催するパーティーに参加する際、知っておいた方がいいことを、筆者のアメリカ在住中の経験からまとめました。パーティーといっても、参加者との関係性や会場の規模によって様々ですが、日本の「宅飲み」や打ち上げとはちょっと異なる「ルール」や「暗黙の了解」があります。

自分から話しかけにいこう

　日本のパーティーでは知り合い同士でかたまってしまいがち。そもそも知り合いだけの集まりも多いですね。でも、アメリカのパーティーでは初対面の人でもお互いに声をかけ合うのがごく自然。せっかくの交流の場ですので、ぜひ積極的に話しかけてみましょう。どうしても最初の一言が浮かばないと言う方は次のフレーズを参考にしてください。

▶ Hi! I'm Taro. Nice to meet you! I like your dress!
→相手の服装や持ち物を褒めると、話すキッカケが作りやすくなります。

▶ Hi! I'm Taro. Nice to meet you! How're you doing?
→相手の調子・近況を尋ねて、そこから「仕事」「主催者との関係性」などに話を広げます。

持ち物は「必要最小限」に！

　私が参加したパーティーは、いわゆる立食形式のものがほとんどでした。場所は誰かの自宅が多く、あちこちで数人ずつ小さい輪を作り話に花を咲かせているという感じでした。一段落ついたら、飲み物を取りに行き、また別の人と話し始めます。つまり、頻繁に立ったり歩き回ったり、飲食物を手に持ったりするため、大きなバッグや上着は邪魔になります。また、前述のとおり参加者は知り合いだけとは限りませんので、貴重品は常に手元に置いておく必要があります。安全・保険という意味でも、荷物は必要最小限にしましょう。

抜けるタイミングを決めておこう

　特にお酒が入ったパーティーは、ずるずると長くなっていくもの。これは日本でも同じですね。私はアメリカで、最初の挨拶・乾杯が終わった段階で即撤収したツワモノに会ったことがあります。

（スパルタ英会話 篠田）

Keeping the Conversation

会話をつなぐ

Making Small Talk
間をつなぐ雑談

　共通の知り合い、同僚、友達が席を外してしまって、急に
あまり親しくない人と雑談しなくてはいけない場面は時々訪れ
ますよね。英語で受け答えしなければならないとなると、話
題や相づちに困ることも多いでしょう。一言挨拶ができるだけ
でも気がラクになるのになあ…というのが本音ではないでしょ
うか。ここでは「日本の気候の話」「この後の予定の話」など、
困ったときに役立つフレーズを見ていきましょう。

● Characters 登場人物 ●

Andrew（アンドリュー）
あなたの上司の Sakura のお得意様で、打ち
合わせのためにあなたの会社を訪れました。
Sakura とは長い付き合いですが、あなたとは
じっくり話したことはありません。

YOU（あなた）
普段は英語の得意な Sakura に海外のお客様
とのやり取りは頼りっきりですが、彼女が席
を外す間、間をつなぐように言われました。

Scene 1

Breaking the Silence
沈黙を破る

Sakura が打ち合わせの席を離れました。
スモールトークで場をつなぎましょう。

YOU
Hi, how is the progress so far?

It's been going great. So, how long have you worked with her?

YOU　🔊 Say in English!
❶ それなりですよ。
❷ 数年ですね。
❸ 彼女とは私がここで働き始めたときから一緒に働いています。

Oh, so you guys have a pretty good working relationship.

3択の英文は次のページ ➡ 117

Answer 1 For a **while**.

フォー ア **ワイ**l

☞ 「それなり」は、ここでは「それなりの長さの期間」を表しているのでfor a while（しばらくの間）で伝わります。

Answer 2 For a **couple** of years.

フォー ア **カッ**ポゥ オvイヤーz

☞ a couple of「2つの」または「少数の」。英語圏の外国人は「ちょっと・数個」のことをa fewやtwoではなくa coupleと呼ぶことが多いです。例）a couple of days（数日間）、a couple of minutes（数分間）

Answer 3 I've **worked** with her since I **started** working here.

アイv **ワー**kt ウィzハー スィンs アィ s**ター**ティッd ワーキンg ヒア

☞ 完了形の文で「〜の時からずっと/〜以来」という意味で使うsinceですが、becauseのように「〜だから」という理由を表す接続詞としても使います。例）Since it's been a while, let's meet up.（せっかくだから、会って話そうよ）（p.181）becauseは、「理由」を新しい情報として説明するのに対し、sinceは既に判明している情報として説明する点が異なります。

ダイアログをもう1度CHECK!

YOU: **Hi**, how is the **progress** so far?
（さて、お話は今のところいかがですか？）

Andrew: It's been going **great. So**, how long have you **worked** with her?
（良い感じです。彼女とはどのくらい一緒に働かれているのですか？）

YOU: ❶ For a **while**.
（それなりですよ）

❷ For a **couple** of years.
（数年ですね）

❸ I've **worked** with her since I **started** working here.
（彼女とは私がここで働き始めたときから一緒に働いています）

Andrew: **Oh**, so you guys have a **pretty** good working relationship.
（おお、それならお互いのことをよく知っているんですね）

How to Deal with Japan's Coldness
日本の寒さのしのぎ方

厳しい冬となっている今年の日本。
お客様はその対処法が気になるようです。

YOU
It seems it's really cold this winter. Are you okay?

No, it's far colder than I expected.

YOU 🗨 Say in English!

❶ ぜひ使い捨てカイロを試してください。
❷ 靴下を二枚履いて対処している人もいます。
❸ 弊社では社員全員にブランケットを用意しています。

Oh, that's a great idea.

9 | Making Small Talk

Answer 1 You can try **heat** packs.

ユー キャンtライ **ヒー**tパッ ks

☞ 「使い捨てカイロ」は日本独特の製品。カイロが温かくなるしくみは少し複雑ですが、When we open the package, the steel powder inside gets hot, reacting with oxygen in the air.（包装を開けると、空気中の酸素と反応して中の鉄の粉が熱くなるんですよ）程度の説明ができるといいですね。

Answer 2 Some people **deal** with it by wearing **two** pairs of socks.

サ m ピーポー **ディー**l ウィ z イッ t バイ ウェアリン g **トゥー** ペアー z オ v ソッ ks

☞ 「対処する」は cope with でも可。ただし deal with は「善処する（自分から働きかける）」、cope with は「（我慢して・なんとか）対処する」。ニュアンスが異なります。「これから始まるプロジェクト頑張ります！」と言おうとして I'll cope with this project! と言うと「え？そんなに苦行なの？」と思われてしまうので要注意です。

Answer 3 We have **blankets** for **all** the members.

ウィー ハ v b **ランケッツ** フォー **オー** l ザ メンバー z

☞ 「社員」は通常 employee なのですが、『『雇われる側』というニュアンスが嫌だ』ということで member や staff, sales representative といった言葉を使う場合もあります。

ダイアログをもう1度 *CHECK!*

YOU: It seems it's really **cold** this winter. Are you **okay**?
（今年の冬、相当冷え込むようです。寒さは大丈夫ですか？）

Andrew: No, it's **far** colder than I expected.
（いえ、予想していたよりも遥かに寒いです）

YOU: ❶ You can try **heat** packs.
（ぜひ使い捨てカイロを試してください）

❷ Some people **deal** with it by wearing **two** pairs of socks.
（靴下を二枚履いて対処している人もいます）

❸ We have **blankets** for **all** the members.
（弊社では社員全員にブランケットを用意しています）

Andrew: Oh, that's a great **idea.**
（ああ、それはいいアイデアですね！）

Answer 1 What have you **tried**?

ワット ハヴ ユー tライd？

☞ try には「食べてみる」という意味があります（try to eat とは言いません）。「試食する」は try a food sample が最も近いです。

Answer 2 What was your **favorite**?

ワット ワz ヨア **フェイ**vアリット？

☞ 「気に入る」を名詞の favorite を使って「あなたのお気に入りは何でしたか」と表現できればOKですね。

Answer 3 Which dish was the **best** so far?

ウィッチ ディッシュ ワz ザ **ベス**t ソー ファー？

☞ dish はメインディッシュという言葉もあるように「お皿に盛られた料理一皿」というニュアンス。それに対して meal は「一回の食事」というニュアンスです。例）Take this medicine before every meal.（毎食の前にこの薬を飲んでください）

ダイアログをもう1度CHECK! 🎧 134

YOU: Do you like **Japanese** food?
（日本の食事は口に合いますか？）

Andrew: **Sure.** Everything is so **delicious** in Japan.
（ええ。日本では何を食べても美味しいですね）

YOU: ❶ What have you **tried**?
（何を食べましたか？）

❷ What was your **favorite**?
（何が気に入りましたか？）

❸ Which dish was the **best** so far?
（今のところ、どの料理が一番良かったですか？）

Andrew: I went to **Toyosu** Market and had a **seafood** rice bowl.
（豊洲市場に行って、海鮮丼をいただいてきました）

Scene 4

What Are Your Plans?

この後の予定は？

なんとか雑談で場をつないでいましたが、
Sakuraはまだ戻ってきません。

3択の英文は次のページ ➡

Answer 1 Do you have any **plans**?

ドゥー ユー ハv エニィ p**ラ**ンz？

☞ plan「計画（実行の意志あり）」に対してscheduleは「時間割」「予定表（意志は含まない）」という意味を持っています。planはscheduleを含む場合がありますが、逆はありません。

Answer 2 Are you **planning** to go out for **dinner**?

アー ユー p**ラ**ンニンg トゥー ゴー アウt フォー **ディ**ナー？

☞ go out for dinnerは「夕食を外でとる」ですが、go to dinnerは単に「夕食をとる（場所は問わず、家での食事も含む）」。ちなみにeat in（dine in）は「今いる場所で食べる」、eat out（dine out）は「今いる場所から出て食べる」というニュアンスです。

Answer 3 Oh, it **seems** like you have **somewhere** to be.

オゥ, イッt **ス**ィーmz ライk ユー ハv **サ**mウェア トゥー ビー

☞ have somewhere to beで「どこか行く場所がある」。「何かやることがある」はhave something to doです。

ダイアログをもう1度CHECK!

YOU: Are you **okay** for **time**?
（お時間、大丈夫ですか？）

Andrew: **Wow**, I can't **believe** the time.
（おお、もうこんな時間）

YOU: ❶ Do you have any **plans**?
（何かご予定がおありですか？）

❷ Are you **planning** to go out for **dinner**?
（夕食を外でとられる予定ですか？）

❸ Oh, it **seems** like you have **somewhere** to be.
（この後どこか行かれるそうですね）

Andrew: **Yeah**, I'm gonna go to a **restaurant** run by my Japanese **friend**.
（はい、日本の知り合いが経営しているレストランを伺う予定です）

Scene 5

Sakura Comes Back
サクラが戻ってきた

ようやく Sakura が戻ってくるようです。
一旦話をここで締めましょう。

YOU
Oh, looks like Sakura has finally come back.

Yeah, she has.

YOU 🔴 Say in English!
1 大変お待たせいたしました。
2 私もお話できて嬉しかったです!
3 残りの日本滞在を楽しんでください。

Thanks, it was very nice talking to you.

9 | Making Small Talk

3択の英文は次のページ ➡ 125

Answer 1 **Thank** you so much for **waiting.**

th**ア**ンkユー ソー マッチ フォー **ウェ**イティンg

☞ 同じ場面で使える言い回しとして、Thank you for your time.（お時間ありが
とうございました）もあります。

Answer 2 I'm **glad** I could **talk** to you!

アィмg**ラ**ッдアィ クッд **ト**ーkトゥー ユー！

☞ could に注目。「これまでお話ができた<u>こと</u>がうれしい」ので、canでななく過
去形のcouldにします。

Answer 3 Enjoy the **rest** of your **stay** in Japan.

エンジョイ ザ **レ**スt オvヨア s**テ**ィ ɪ n ジャパn

☞ restには「休み、休息」という意味だけではなく、「残り」という意味もあり
ます。観光客や仕事で日本を訪れた人との別れ際、こんな一言を添えられると
いいですね。

YOU: **Oh,** looks like **Sakura** has finally come back.
（お、ようやくサクラが戻りますね）

Andrew: **Yeah,** she has.
（ええ、そのようですね）

YOU: ❶ **Thank** you so much for waiting.
（大変お待たせいたしました）

❷ I'm **glad** I could talk to you!
（私もお話できて嬉しかったです！）

❸ Enjoy the **rest** of your **stay** in Japan.
（残りの日本滞在を楽しんでください）

Andrew: Thanks, it was very **nice** talking to you.
（こちらこそ。お話できてよかったです）

『沈黙は金』は、英会話でも通用する？

　あなたが一人でエレベーターに乗っている時に、途中でもう一人入ってきたとします。この時、日本人は沈黙を保つ場合がほとんどですよね。ヨーロッパなど同様の地域もありますが、アメリカでは基本的に、挨拶や会釈程度の短いコミュニケーションを交わします。

　その主な理由は**「知らない人と二人っきりで同じ空間にいる」という事実を解消するため**です。知らない人と二人という場面で、外国人がまず心配するのは「突然拳銃を取り出したりしないだろうか」という、**自らの身の安全**（世界中が、日本並みに安全というわけではないので…）。そこで、挨拶や会釈を交わすことで「全く知らない人」という状況を解消するのが狙いです。

　ただ、英会話においても沈黙を保っておいた方がよい場面は存在します。大きく分けると、以下の3パターンに分かれます。

①プライバシーや機密情報を守るための沈黙
②不用意な発言によって揚げ足を取られないための沈黙
③交渉やプレゼンのテクニックとしての沈黙

　②の一例をご紹介します。私はアメリカ留学中、車を運転していて赤信号で停まっている時に後ろから追突されたことがあります。近くの安全な場所に互いの車を停め、話し合うことになったのですが、相手は"Are you okay?（大丈夫？）" "I'll fix them.（車、直すよ）" "Where will we go?（どこに行こうか？）"とは言うのですが、**Sorryとは断じて言いませんでした。**
　その理由は、あまり不用意にI'm sorry.と言ってしまうと**「この人は自分の過失を認めているから、悪いのはこの人だ」**となってしまい、責任を問われる可能性があるから。必要最低限のこと以外は沈黙を保とうとする人がほとんどです。結局彼は、車の修理代は払ってくれましたが、それ以上のことはしませんでした。

　実は英語にも**Speech is silver. Silence is golden.（雄弁は銀、沈黙は金）**という表現があります。英会話というと「沈黙を嫌う」というイメージがあるかもしれませんが、**「あえて話さない」という沈黙は、時として強力なコミュニケーション術**となります。

（スパルタ英会話 篠田）

Troubles When Traveling
トラブルエピソード

　　海外旅行や出張でのトラブルはつきものです。空港に到着して荷物が届かない、旅行先で財布を盗まれた、タクシーでぼったくりに遭った…など様々なトラブルがあり、あなたも似たような経験をしたかもしれません。その時は大変でも、後々雑談の話のネタにはなりますよね。ここでは相手のトラブルエピソードの聞き手となり、相づちを打ったり質問したりして話を広げていく方法を見てみましょう。

● Characters　登場人物 ●

Travis（トラビス）
ミネソタ州出身の26歳の男性。あなたと同じ日本の企業に勤めています。先日の海外出張では、様々なトラブルに遭ってしまったそうです。

YOU（あなた）
Travisの同僚。仕事の合間の休憩中、先日の海外出張の話を聞いています。

The Flight Was Delayed
飛行機が遅れた

Travis にとって、今回の海外出張は散々なものだったそうです。

Actually, I was late to an important meeting.

YOU
Why? Was your plane late?

1 2
3 4

It was super late, and everything went wrong as well.

YOU 🍌 Say in English!

1 うわ、それは大変だったね。
2 それでも次の会議には間に合ったの？
3 国際線は遅れるってよく聞くけど、それにしてもひどいね。

3択の英文は次のページ ➡

Answer 1 Oh, **that** sounds tough.

オゥ, **ザッ**t サウンz タf

☞ 形容詞toughには「固い」「頑丈な」といった物理的な意味から、「骨の折れる」「大変な」「つらい」といった意味まであります。

Answer 2 Were you still **able** to make it to your next **meeting**?

ワー ユー sティl エイ**ボゥ** トゥー メイk イット トゥー ヨア ネクst **ミーティン**g？

☞ makeは「作る」が代表的な意味ですが、「着く」「間に合う」という意味も。
例）My train gonna be late. → Can you make it?（電車が遅れそうだ。→（時間に）間に合いそう？）

Answer 3 I often hear international flights are **late**, but that's **pretty** bad.

アイ オッフn ヒア インターナショナゥ fライツ アー **レイ**t, バット ザッツ **プリ**ティ バッd

☞ pretty goodは「そこそこ良い」ですが（p.180参照）、pretty badのprettyは「とんでもない」「ひどい」という意味です。「ひどい」「とても悪い」はvery badと言う人は少なく、このpretty badかtoo badが多く用いられます。

ダイアログをもう1度CHECK!

🎧 143

Travis: Actually, I was **late** to an important **meeting**.
（実は、大事な会議に遅刻しちゃってさ）

YOU: **Why**? Was your plane **late**?
（どうしたの？飛行機が遅れたの？）

Travis: It was **super** late, and everything went wrong as well.
（飛行機はめっちゃ遅れたし、何もかも上手く行かなくて）

YOU: ❶ Oh, **that** sounds tough.
（うわ、それは大変だったね）

❷ Were you still **able** to make it to your next **meeting**?
（それでも次の会議には間に合ったの？）

❸ I often hear international flights are **late**, but that's **pretty** bad.
（国際線は遅れるってよく聞くけど、それにしてもひどいね）

Scene 2

Losing Your Baggage
荷物をなくした

なんと、Travis の荷物が目的地の空港に届いていなかったそうです。

Apparently, they didn't load my baggage on my flight.

YOU
What! Things like that happen? You must have freaked out.

Yeah, my bags ended up at a different airport, though. Just like Home Alone!

YOU　🍀 Say in English!
1 それはどうかしてるね。
2 そんなことが起こるなんて信じられないよ。
3 映画だから面白いけど、現実じゃまったくだね！

10 | Troubles When Traveling

3択の英文は次のページ ➡ 131

Answer 1 That's **crazy.**

ザッツ k**レ**イズィー

☞ 日本語の「クレイジー」は「変な、おかしな」という意味で使われますが、英語の crazy は「大好きな」「熱狂した」「かっこいい」といったプラスの意味で使われることも多いです。

Answer 2 I can't **believe** something like that happened.

アィ キャンt ビ**リ**ーv サムthインg ライk ザット ハップンd

☞ 日本語で「信じられない」というとどこか相手を疑っているようなニュアンスになってしまいますが、英語の "I can't believe" は単に驚きや感動を表します。

Answer 3 That's funny in **movies,** but **not** in real life!

ザッツ ファニー イn **ムー**vイーz, バット **ノ**ット イn リアl ライf!

☞ 直前に『まるでホーム・アローンだったよ！』という発言があってこその返答ですね。英語圏では映画やドラマなどの内容やタイトルがたとえ話のトピックとして登場することがよくあります。

ダイアログをもう1度CHECK!

Travis: Apparently, they didn't load my **baggage** on my flight.

（どうやら、僕の荷物が飛行機に載せられてなかったみたいでず）

YOU: What! Things like that **happen**? You must have **freaked** out.

（え！そんなことがあるの？大変だったでしょ）

Travis: Yeah, my bags ended up at a different **airport,** though. Just like **Home** Alone!

（うん、最後は別の空港で見つかったんだけどね。まるでホーム・アローンだったよ！）

YOU: ❶ That's **crazy.**

（それはどうかしてるね）

❷ I can't **believe** something like that happened.

（そんなことが起こるなんて信じられないよ）

❸ That's funny in **movies,** but **not** in real life!

（映画だから面白いけど、現実じゃまったくだね！）

ミネソタ出身の Travis でも、
気を抜いているとスリ被害に遭ってしまうようです。

I even got pickpocketed on this trip.

YOU
What? No way! What did they steal?

My wallet. I never thought this would happen to me.

YOU 🗨 Say in English!

1 こっわ！
2 うわ、それは恐ろしいね。
3 それは最悪！財布にはいくら入ってたの？

3択の英文は次のページ ➡ 133

Answer 1 How **scary**!

ハゥ s**ケ**アリー！

☞ "How ＋形容詞＋S ＋V" という形のいわゆる感嘆文です。実際の会話では、このようにSとVを省略して、Howと形容詞だけで形容詞の強調を表すことがよくあります。

Answer 2 **Oh** no, that's **horrible**.

オゥ ノー，ザッツ **ホ**リボゥ

☞ horrible は「恐ろしい」「ゾッとする」のほかにも、単に「ひどい」という意味で使う場合もあります。

Answer 3 That **sucks**. How **much** did you have in your **wallet**?

ザット **サ**ックks　ハゥ **マ**ッチ ディd ユー ハ v イ n ヨア **ウォ**レット？

☞ 「最悪！」は他に That's unfortunate. や It couldn't be worse. という言い方があります。It couldn't be worse. は直訳すると「それ以上悪くなれない」。つまり「最悪である」という意味。同じ場面でも、「財布は取られたけど、命は助かった」、つまり、「まだ良かった」「マシだった」と捉えた場合は、It <u>could</u> <u>be</u> worse. ですね。

ダイアログをもう1度CHECK!

Travis: I even got **pickpocketed** on this **trip**.
（今回の出張でスリにも遭っちゃってさ）

YOU: **What**? No **way**! What did they **steal**?
（え？それは大変！何を盗られたの？）

Travis: My **wallet**. I **never** thought this would happen to me.
（財布。まさか僕の身にも起こるとは思ってなかったよ）

YOU: ❶ How **scary**!
（こっわ！）

❷ **Oh** no, that's **horrible**.
（うわ、それは恐ろしいね）

❸ That **sucks**. How **much** did you have in your **wallet**?
（それは最悪！財布にはいくら入ってたの？）

Scene 4

Using Smartphones / Wi-Fi Abroad
海外でのスマホ・Wi-Fi

ビジネス出張には不可欠のスマホやWi-Fiですが、
ここでも災難に見舞われたようです。

Another thing was the internet. I couldn't use it at all.

YOU
I thought you could use your phone in America. It didn't work?

Not at all. I thought I could too, but it was out of service the whole time.

YOU **🔊 Say in English!**
1. 大変だったね。
2. どうやって切り抜けたの？
3. Wi-Fiなしの出張？どうやって仕事してたの？

10 | Troubles When Traveling

3択の英文は次のページ ➡ 135

Answer 1 That's **rough**.

ザッツ **ラ**f

☞ 日本語では「カジュアルな」という意味で「ラフな」と言いますが、これは和製英語（英語のroughにそのような意味はありません）。スポーツでラフプレーというように、「粗い」「乱暴な」「荒れた」「つらい」などの意味があります。

Answer 2 How did you **survive**?

ハゥ ディドユー サ**v**ア**イ**v？

☞ surviveは「生き残る」が主な意味ですが、転じて「切り抜ける」「助かる」という意味もあります。

Answer 3 A business trip without **Wi-Fi**? How were you able to do **work**?

ア ビジネstリップ ウィzアウt **ワイファイ**？ ハゥ ワー ユー エイボゥ トゥードゥー **ワ**ーk？

☞ do workは動詞が2つ連続しているように見えますが、ここでのworkは「仕事」という意味の名詞。Do your work.やGet your work done.といった言い回しがあります。

ダイアログをもう1度CHECK!

Travis: Another thing was the **internet**. I couldn't **use** it at all.
（ネットにも困ったね。全然使えなくてさ）

YOU: I thought you **could** use your phone in **America**. It didn't **work**?
（君の携帯はアメリカでも使えるって思ってたけど。ダメだったの？）

Travis: **Not** at all. I thought I could **too**, but it was out of service the **whole** time.
（まったく。僕もそう思ってたのに、ずっと圏外だった）

YOU: ❶ That's **rough**.
（大変だったね）

❷ How did you **survive**?
（どうやって切り抜けたの？）

❸ A business trip without **Wi-Fi**? How were you able to do **work**?
（Wi-Fiなしの出張？どうやって仕事してたの？）

Answer 1 Was it **expensive**?

ワzイットエ ks ペンスィ v ?

☞ 国際線だと、overweight baggages（重量超過手荷物）は高い追加料金をとられますね。お土産を買うのもほどほどにしましょう。

Answer 2 **Oh**, what did you **get**?

オゥ, ワット ディ d ユー **ゲ** ッ t ?

☞ 「買う」は通常 buy や purchase ですが、get にも「買う」の意味があり、会話ではよく使われます。

Answer 3 That's **too** bad. I've had that **happen** to me too.

ザッツ **トゥ**ー バッ d 　アイ v ハ d ザット **ハッ** p n トゥー ミー トゥー

☞ 後半に要注意。使役動詞の have「…を〜させる」を使って、「that（それ）を happen させた」=「that が起きた」=「そういうことが起こった」という意味を表しています。

ダイアログをもう1度CHECK!

Travis: **Oh**, I forgot to **tell** you but I bought some **souvenirs**.
（そういえば、お土産買ってきたんだ）

YOU: **Thank** you! I can't **believe** you bought some for **everyone**.
（ありがとう！でも全員によく買えたね）

Travis: I bought **too** much. My baggage was **overweight** and I had to pay **extra** fees.
（買いすぎちゃった。荷物が重量オーバーして、追加料金取られちゃった）

YOU: ❶ Was it **expensive**?
（高かった？）

❷ **Oh**, what did you **get**?
（おお、何を買ったの？）

❸ That's **too** bad. I've had that **happen** to me too.
（それは残念。自分もそうなったことがあるよ）

話のネタになる洋画・ドラマ

　英語圏では映画やドラマのタイトルや登場人物のセリフを引用したり、作品の内容を話題にしたりすることがよくあります。相手もその作品を知っているという前提でこうした発言がされるので、その映画を知らないと相手の発言の意図がつかめないことも。以下に、よく話題にされるものをご紹介します。

《**起業家精神の象徴**として挙げられる映画》
- ソーシャル・ネットワーク（The Social Network）
- マネー・ボール（Moneyball）
- 幸せのちから（The Pursuit of Happyness）

「こうやって成功したい」という例えとして、起業家や成功者のストーリーが挙げられます。

《**若者の象徴**として挙げられるドラマ》
- ゲーム・オブ・スローンズ（Game Of Thrones）
- ウォーキング・デッド（The Walking Dead）
- ブレイキング・バッド（Breaking Bad）

　ご存知の方も多いと思われる大人気ドラマ。「今の若い人って〇〇観て育ってるから、こうなるよね」といった形で触れられます。

《**アメリカの古典**として挙げられる映画》
- 風と共に去りぬ（Gone with the Wind）
- ゴッドファーザー（The Godfather）
- 雨に唄えば（Singin' in the Rain）

　これらの作品は良い面も悪い面も含め、アメリカの「伝統的価値観」が強く反映されたものとなっています。

　共通の話題として「映画やドラマ」があると、もっと会話を楽しめるようになりますよ。

（スパルタ英会話 篠田）

Japanese Culture
日本文化

　近年、日本の文化に興味を持つ外国人がますます増えてきましたね。「日本のコロッケパンに惹かれて」「アニメ映画の舞台の江ノ島に魅せられて」など、面白い理由で日本に来る方もいます。一方で、日本の伝統文化も根強い人気があります。ここでは、Lucyとの会話を通して、日本の伝統着である「着物」について説明するための様々な表現を見ていきましょう。シンプルな英語で伝えられますよ。

• Characters 登場人物 •

Lucy（ルーシー）
ビートルズやフットボールで有名なイギリスのリバプール出身の留学生。日本の伝統文化に魅せられて、日本の大学でデザインを勉強しに来ました。

YOU（あなた）
Lucy と同じ大学に通っています。デザイン科に来たばかりの Lucy に着物のことを尋ねられたので、丁寧に教えてあげたいと思います。

Answer 1 They're really **pricey**.

ゼイアー リアリー p**ラ**イスィ

☞ ここでの pricey や high price といった言葉は単に「(値段などが)高い」という事実のみを表しますが、expensive は「値段の割に高い」というニュアンスがあります。

Answer 2 They cost a **lot** and are **difficult** to maintain.

ゼイ コスtア **ロ**ットアンdアー **ディ**フィカlトゥー メイnテイn

☞ 日本語では「コストが高い」のように「コスト」を名詞として使いますが、英語では動詞の cost(コストがかかる)を使って表すことの方が多いです。

Answer 3 Kimono are **delicate**, so it's **better** if the **pros** look after them.

キモノ アー **デ**リケイt, ソー イッツ **ベ**ター イfザ p**ロ**ォz ルッk **ア**fター ゼm

☞ better の後は to +不定詞だけでなく、if 節をおくこともできます。(「〜すると、より良い」)「もし〜なら」という仮定の意味だけでなく、このような「条件」の意味での if もよく使われますので覚えておきましょう。

Lucy: **Where** do Japanese people buy **kimono**?

(日本人はどこで着物を買うの?)

YOU: Most people don't **buy** them. They **rent**.

(大半の人は買わずに、借りているね)

Lucy: Oh, **really**? **Why** is that?

(あら、そうなの?それはどうして?)

YOU: ❶ They're really **pricey**.

(とても高価なんだ)

❷ They cost a **lot** and are **difficult** to maintain.

(値段が高いし、メンテナンスも大変なんだよ)

❸ Kimono are **delicate**, so it's **better** if the **pros** look after them.

(着物はデリケートだから、プロの手で管理した方がいいんだ)

Answer 1 Like **New** Years!

ライk **ニュー** イヤーz！

☞ ここでのlikeは「〜のような」から発展して、「例えば〜ですね」とfor exampleに近い役割を果たします。（もちろん、for exampleでもOKです）

Answer 2 I have **only** worn kimono for **entrance** ceremonies.

アィ ハv **オンリー** ウォーn キモノ フォー **エン**tランs セレモニーz

☞ 「入学式のときにしか着てこなかった」というこれまでの事実（＝経験）を話しているため、現在完了形が使われます。もちろん、習慣として（＝これまでも、これからも）入学式でしか着ることはない、と言いたい場合は現在形でOK。I only wear kimono for ceremonial occasions.（私は冠婚葬祭のときにだけ着物を着ます）

Answer 3 I wore a kimono for my **coming** of age ceremony when I celebrated turning **20**.

アィ ウォア ア キモノ フォー マィ **カ**ミンg オv エイジ セレモニー ウェnアィ セレbレイティッdターニンg トゥ**ウェ**ンティ

☞ coming of age ceremony（成人式）はアジア圏特有の文化の一つのようです。20の前についているturnは「〜になる」という意味です。

🎧161

ダイアログをもう1度CHECK!

Lucy: **When** do Japanese people **wear** kimono?
（日本人はどういう時に着物を着るの？）

YOU: We **usually** wear them for special **events**.
（年中行事のときに着ることが多いよ）

Lucy: Special **events**? What **kind** for example?
（年中行事？例えばどんなもの？）

YOU: ❶ Like **New** Years!
（例えば、お正月！）

❷ I have **only** worn kimono for **entrance** ceremonies.
（私は入学式のときだけ着たよ）

❸ I wore a kimono for my **coming** of age ceremony when I celebrated turning **20**.
（20歳になったことを祝う成人式のときに着物を着たよ）

How to Wash Kimono
着物の洗い方

デリケートな着物。
Lucy はそのお手入れの方法も気になるようです。

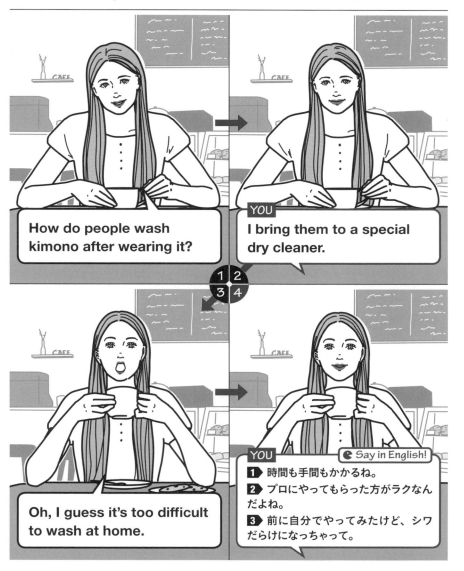

How do people wash kimono after wearing it?

YOU
I bring them to a special dry cleaner.

1 2
3 4

Oh, I guess it's too difficult to wash at home.

YOU 🗨 Say in English!
1 時間も手間もかかるね。
2 プロにやってもらった方がラクなんだよね。
3 前に自分でやってみたけど、シワだらけになっちゃって。

3択の英文は次のページ ➡

Answer 1 It takes **time** and effort.

イッt テイks **タ**アイm アンd エフォーt

☞ take という動詞には様々な意味がありますが、ここでは「かかる」「要する」という意味で使われています。例）It takes 10 minutes to be there.（そこまでは10分かかりますよ）

Answer 2 It's **easier** to get it **professionally** cleaned.

イッツ **イー**ズィヤー トゥー ゲッt イッt p ロ**フェ**ッショナリー k リーン d

☞ get it done（それを終わらせる）や get started（始める）など、「get＋動詞の過去分詞形」という形で「（その動詞の状態）にする」という構文が使われることがあります（特に会話では多いです）。

Answer 3 I **tried** doing it on my own before, but it got **all wrinkly**.

アィ t **ラ**イ d ドゥーイン g イッt オ n マィ オウ n ビフォー, バッ t イッ t ガッ t **オ**ー l **ウィ**ン k リー

☞ wrinkly（シワが寄った、シワの多い）は、語尾に ly がついていますが形容詞です。こういった形容詞はほかには friendly や timely などがありますね。

ダイアログをもう1度CHECK!

Lucy: How do people **wash** kimono after **wearing** it?
（着物を着た後はどうやって洗っているの？）

YOU: I bring them to a **special** dry cleaner.
（私は専門のクリーニング屋さんにやってもらってるよ）

Lucy: **Oh,** I guess it's **too** difficult to wash at **home**.
（やっぱり、家で洗うのは難しすぎるんだね）

YOU: ❶ It takes **time** and effort.
（時間も手間もかかるね）

❷ It's **easier** to get it **professionally** cleaned.
（プロにやってもらった方がラクなんだよね）

❸ I **tried** doing it on my own before, but it got **all** wrinkly.
（前に自分でやってみたけど、シワだらけになっちゃって）

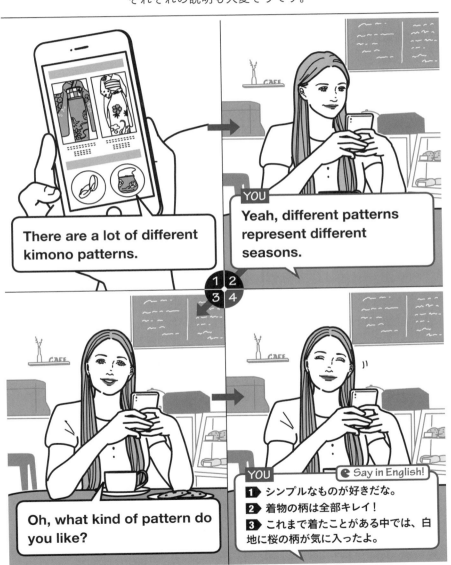

Answer 1 I like **simple** ones.

アィ ライk **スィ**ンポゥ ワンz

☞ oneはここでは「もの」という意味。同じ名詞の繰り返しを避けるために、代名詞的な役割で使われます。itと異なるのは、前に形容詞をつけたり関係詞（この場合はthat以下の文章）をつないだりすることができる点です。
例）A：What movies do you like?
B：I like ones that have romantic stories.

Answer 2 **All** kimono patterns are **beautiful**!

オーl キモノ パターンz アー **ビュー**ティフォゥ！

☞ 着物の「柄」はpatternsが最も近いですが、designsでも伝わります。

Answer 3 Out of **all** kimono I've **worn**, my **favorite** was a **cherry** blossom pattern with a **white** background.

アウt オv **オー**l キモノ アィv **ウォー**n, マィ **フェィ**vアリッt ワz ア **チェ**リーb ロッサm パターn ウィズ ア **ホワイ**t バックグラウンd

☞ out of〜はいろいろな意味になりますが、このように「〜の中で」という意味で使われることがよくあります。例）1 out of 5（5つ中1つ）
ほかの着物の柄は、鶴（crane）、鳳凰（Chinese phoenix）、松竹梅（pine, bamboo, and plum）、牡丹（peony）、椿（camellia）、菖蒲（iris）などなど。

ダイアログをもう1度CHECK!

Lucy: There are a lot of **different** kimono patterns.
（着物にはいろいろな柄があるね）

YOU: **Yeah**, different **patterns** represent different **seasons**.
（うん、日本の四季が表現されてるよ）

Lucy: **Oh**, what **kind** of pattern do you like?
（なるほど、何の柄が好きですか？）

YOU: **1** I like **simple** ones.
（シンプルなものが好きだな）

2 **All** kimono patterns are **beautiful**!
（着物の柄は全部キレイ！）

3 Out of **all** kimono I've **worn**, my **favorite** was a **cherry** blossom pattern with a **white** background.
（これまで着たことがある中では、白地に桜の柄が気に入ったよ）

Scene 5

Putting On Kimono

着物の着付け

日本人でも大変な着物の着付け。
英語ではputting on kimonoと表現します。

I heard you have to practice putting on kimono.
YOU
Yes, it's especially difficult for those who aren't used to it.
It looks difficult. Do you know how to put it on by yourself?
YOU
Say in English!
1 できるよ！
2 なんとかできるけど、助けが必要だな。
3 できない人が多いけど、私は習ったから自分でできるよ。

3択の英文は次のページ➡

Answer 1 I **can**!

アィ **キャ**n！

☞ 英語は「断言」の文化。日本人は謙遜してなかなか言い切れませんが、英会話の上達のためには、こうした英語圏の文化も一緒に吸収しましょう。

Answer 2 I can **handle** it, but I need some **help**.

アィ キャn **ハンドォ** イッt, バッt アィ ニーd サm **ヘ**ルp

☞ 日本人は謙遜して「できなくはないよ（I could.）」と言おうとしますが、相手には「責任逃れ」に聞こえます。今回のように but I need some help と付け加えてもいいので、I can handle it. とできるだけ言い切るようにしましょう。

Answer 3 Most people **can't,** but I've **learned** before so I can do it myself.

モスt ピーポー **キャン**t, バッt アイv **ラー**ンd ビフォー ソー アィ キャn ドゥー イッt マィセルf

☞ 「習った」は「勉強してできるようになった」（＝今もできる）ということなので、learnの現在完了形を使います。learnが「習得する」という状態を表すのに対し、studyは「勉強する」という行動を表すため、この文脈では使えません。

ダイアログをもう1度CHECK!

Lucy: I **heard** you have to **practice** putting on kimono.
（着物を着るためには練習が必要みたいだね）

YOU: **Yes**, it's especially **difficult** for those who **aren't** used to it.
（うん、特に慣れないうちは難しいね）

Lucy: It looks **difficult**. Do you know **how** to put it on by yourself?
（大変そう。自分で着付けできる？）

YOU: **1** I **can**!
（できるよ！）

2 I can **handle** it, but I need some **help**.
（なんとかできるけど、助けが必要だな）

3 Most people **can't,** but I've **learned** before so I can do it myself.
（できない人が多いけど、私は習ったから自分でできるよ）

話のネタにしやすい日本文化や社会事情

　日本文化というと、着物やお茶、歌舞伎などの伝統文化が思い浮かびますが、これらは海外の人々にも浸透してきており、中には日本人よりも日本の伝統文化に詳しい外国人もいます。となると、どんな日本文化が話のネタにしやすいでしょうか。それを考えるためのキーワードを2つご紹介しましょう。

▷日本での「当たり前」
「日本では当たり前なことを外国人に話したらすごく驚かれた」という経験をした人は多いかもしれません。スパルタ英会話の講師や生徒さんからでたトピックをご紹介します。
- **治安**…日本は世界で有数の治安がいい国。夜間に外出できることでさえ驚かれることがあります。
- **医療制度**…日本の国民皆保険は世界から見ても稀な制度のようです。
- **コンビニ**…24時間営業の店があり、いつでも買い物ができます。
- **学校における制服**…学校教育で「服装を統一する」という考え方が珍しいと感じる外国人も多いようです。

▷日本化された○○
　日本人はカリフォルニアロールを見て「こんなの日本の寿司じゃない！」と感じるかもしれませんが、海外から見れば日本にも実は同様のことが数多くあります。例えば炭酸飲料のコーラ。以前日本を訪れた外国人に日本のコーラを飲んでもらった時に「日本のコーラは苦すぎて飲めたものじゃない」と苦笑いをされたことがあります。私もアメリカのコーラは甘すぎて飲めなかったので、これまたお互い様です。このコーラのように日本人の好みに合うように海外のものをアレンジすることはJapanization（日本風にすること）と呼ばれます。

　「日本での『当たり前』」「日本化された○○」という2つの視点から考えてみると、海外の人々と異文化交流をしていく中で「実はこれって日本独特のことだったんだ…」というものを見つけることができますよ。

（スパルタ英会話 篠田）

At a Music Festival
音楽フェスで

　スパルタ英会話の講師にも洋楽好きで毎年大型フェスに行く人がいますが、ほぼ必ず外国人に話しかけられるそうです。バンドTシャツを着ていたら「素敵なシャツだね」と声をかけられたり、会場での日本語アナウンスの意味を聞かれたり、ライブ中に肩を組まれて "Let's dance!" と言われたり。同じ趣味を持つ人と言語の壁なく交流できたら素敵ですよね。ここでは野外フェスでの会話をもとに「使える英語」を見てみましょう。

• Characters 登場人物 •

Dave（ディブ）

カリフォルニア出身のアメリカ人。音楽通の彼は世界中のいろんなフェスに参加しています。今回初めて日本のフェスに訪れました。

YOU（あなた）

音楽好きのあなたは例年のように音楽フェスにやってきました。物販の列で話しかけられたDaveと仲良くなっていきます。

Scene 1

Lining Up for Concert Goods

グッズ販売コーナーの列で

グッズを買うために列に並んでいたら、
隣にいた外国人に話しかけられました。

3択の英文は次のページ ➡

Answer 1 **Where** are you from?

ウェア アー ユー fロm？

☞ 相手の出身を尋ねる際、最もシンプルかつ伝わりやすいフレーズです。

Answer 2 Who did you **come** to see?

フー ディdユー カm トゥー スィー？

☞ What brought you here? も似たような場面でよく使われる口語表現です。直訳すると「何があなたをここに持ってきたのですか」。つまりここを訪れた目的や動機・理由を尋ねています。

Answer 3 How did you **know** about this **festival**?

ハゥ ディdユー ノゥ ァバゥ ディs フェsティvァl？

☞ "How did you know that?" は英語のドラマや映画などでよく出てくる表現。「どうしてそんなことを知ってるんだ」「どこでどうやって知ったんだ」というニュアンスです。

ダイアログをもう1度CHECK!

Dave: The line isn't **moving** at all.
（全然列が動かないですね）

YOU: It's **like** this **every** year. Is this your **first** time here?
（毎年こんな感じです。このフェスに来るのは初めてですか？）

Dave: It's my **first** time. I've always **wanted** to come though.
（初めてです。ずっとこのフェスに来たかったんですけどね）

YOU: ❶ **Where** are you from?
（どこからいらっしゃったんですか？）

❷ Who did you **come** to see?
（誰を観にいらしたんですか？）

❸ How did you **know** about this **festival**?
（このフェスはどうやって知ったんですか？）

12 | At a Music Festival

Answer 1 What's **surf** music?

ワッツ **サー**f ミューズィック？

☞ Surf music は、海やサーフィンをイメージさせるゆったりとした音楽ジャンルのこと。ちなみに EDM は Electronic Dance Music の略。クラブなどで流れる激しめの音楽のことです。

Answer 2 Which **artists** do you **recommend**?

ウィッチ **アー**ティsツ ドゥー ユー リコメンd？

☞ Which artists do you like? と聞くのもいいのですが、recommend を使って「人におすすめするほど好きなのは？」と聞くとお互いの音楽愛をぶつけ合うことができて良いですね。

Answer 3 I **love** listening to surf music while enjoying a **beer**.

アィ **ラ**v リスニンg トゥー サーf ミューズィックk ワイl エンジョインg ア **ビア**

☞ While ＋動詞の ing 形で「～しながら」。例）No Texting While Walking（歩きスマホ禁止）

「ビールを飲みながら」は drinking a beer でももちろん OK ですが、enjoy の方が雰囲気が出ますね。

ダイアログをもう1度 CHECK!

Dave: What kind of **music** do you listen to?

（どんな音楽を聴くんですか？）

YOU: Rock and **EDM**. How **about** you?

（ロックと EDM です。あなたは？）

Dave: I listen to rock and EDM **too**. I also really like **surf** music.

（私もロックと EDM を聴きます。あとはサーフミュージックも好きですね）

YOU: ❶ What's **surf** music?

（サーフミュージックって何ですか？）

❷ Which **artists** do you **recommend**?

（おすすめのアーティストは誰ですか？）

❸ I **love** listening to surf music while enjoying a **beer**.

（ビールを飲みながら聴くサーフミュージックは最高ですね）

About Japanese Music Festivals
日本の音楽フェスについて

世界中の音楽フェスを訪れてきたDaveですが、
日本のフェスは他の国とは違った特徴があるようです。

Answer 1 Oh, I see.

オゥ, アィ **スィー**

☞ Oh/I/see の「どの単語を強調して発音するか」によって相手に伝わるニュアンスが変わるので要注意。I を強めると文脈によっては「私はわかるけど」という皮肉のニュアンスが出てしまいます。

Answer 2 What are festivals in **other** countries like?

ワットアー フェsティヴァゥズ イn **アザー** カントリーz ライk？

☞ 「どんな感じですか？」は how を使いたくなりますが、What is/are ～ like? が正解。見た目について聞く場合は What do/does ～ look <u>like</u>?（何に見えますか）または How do/does ～ look?（どんな見た目ですか）を使います。

Answer 3 That's **true** now that you mention it. It's **great** when everyone is **mindful** of their **manners**.

ザッツ トゥルー ナウ ザットユー メンショnイット　イッツ gレイト ウェnエヴゥ リワnイz **マイ**ンdフォゥ オfゼア **マ**ナーz

☞ 「言われてみれば」は now that you mention it という言い回しで表せます。now that ～は「今や～だから」という意味で、接続詞のように使えます。
例）Now that you mention it, he was kinda weird.（言われてみれば、彼ちょっと変だったな）

ダイアログをもう1度CHECK!　🎧 179

Dave: Music festivals in **Japan** are so **clean**.
（日本の音楽フェスってキレイですよね）

YOU: **Everyone** seems to say that. I wonder **why**.
（みんなそう言いますけど、なんででしょう）

Dave: I **think** because people litter **less** and don't **smoke** while walking.
（ゴミのポイ捨ても少ないですし、歩きタバコもないですよね）

YOU: ❶ Oh, I **see**.
（ああ、なるほど）

❷ What are festivals in **other** countries like?
（海外のフェスはどんな感じですか？）

❸ That's **true** now that you mention it. It's **great** when everyone is **mindful** of their **manners**.
（言われてみればそうですね。みんながマナーを守ると気持ちいいですね）

Answer 1 It's a **4-person** band.

イッツ ア **フォー プァーソ**n **バ**nd

☞ 「4人組」は4-personまたは4-pieceと表現されます。4-peopleではないので注意。

Answer 2 They're a **new** band from **Shimokitazawa**.

ゼイアー ア **ニュー** バンdfロm **シモキタザワ**

☞ 若手はnewで十分表せます。「下北沢」のような長めの日本の地名を外国人に伝える時には、あえて<u>アクセントをつけずに（全てを強調して）ゆっくり読む</u>ことで伝わりやすくなります。GinzaやUeno程度の長さであれば、はっきり言うだけで伝わるはずです。

Answer 3 They play **city** pop. **Jazz** and **R&B** inspire their music.

ゼイ pレイ **シティ ポッ**p **ジャ**z アンd **アー**l アンd **ビー** イnスパイア ゼア ミューズィック

☞ 「影響を与える」はinfluenceでもいいのですが、音楽などの芸術の分野では「アイデアや着想を得た」というニュアンスを込めてinspireを使うことが多いです。また「影響を受けている」というと、ついThey are inspired by〜と受動態を使いがちですが、〜inspire them.の方がシンプルで伝わりやすいです。

ダイアログをもう1度CHECK!

Dave: Let me see the **timetable**.
（タイムテーブルを見せてください）

YOU: Are there any **bands** you're **interested** in?
（気になっているバンドはありますか？）

Dave: What kind of band is The **Spartans** at the **red** stage at **4:10**?
（レッドステージの4:10からの "The Spartans" はどんなバンドですか？）

YOU: ❶ It's a **4-person** band.
（4人組のバンドです）

❷ They're a **new** band from **Shimokitazawa**.
（下北沢出身の若手のバンドです）

❸ They play **city** pop. **Jazz** and **R&B** inspire their music.
（シティポップです。ジャズやR&Bに影響を受けています）

Answer 1 Everything was **perfect**.

エヴウリthインgワz **ファー**フェkt

☞ perfectは日本語の「完璧」に相当する表現です。

Answer 2 I'm so **glad** they played my **favorite** songs.

アイム ソー gラッd ゼイpレイd マィ **フェ**ィvアリット ソンgs

☞ gladとtheyの間にはthatが省略されています。ここではthatの直後の言葉が同じthで始まるtheyなので、発音を重視して省略してしまうことが多いです。

Answer 3 I totally got **goosebumps** during that guitar **solo**.

アィ トータリー ゴットt **グー**sバンps ドゥアリンg ザッt ギター **ソ**ロ

☞ 鳥肌はgoosebumps。「鳥肌が立つ」はget goosebumpsと表します。「めっちゃ」はここではtotally、really、extremelyなどの副詞で表せます。

ダイアログをもう1度CHECK!

Dave: **Wow,** that was **amazing**!
（いや〜、楽しかったですね！）

YOU: That was the **best** show **ever**!
（最高のショーでした！）

Dave: **Yeah,** it **was**! They put on a **great** performance.
（そうですね！素晴らしいパフォーマンスでしたね）

YOU: ❶ Everything was **perfect**.
（すべて完璧でした）

❷ I'm so **glad** they played my **favorite** songs.
（私が好きな曲を演奏してくれてうれしいです）

❸ I totally got **goosebumps** during that guitar **solo**.
（あのギターソロにはめっちゃ鳥肌が立ちました）

COLUMN

Howで始まる便利な"リアクション"フレーズ

1. How come? / How come SV?

　How come?だけで「なぜ？」という意味で使える表現です。ただし、Why?とは少しニュアンスが異なります。

Why?	比較的フォーマル	単純に理由を尋ねている	相手に回答を求めている
How come?	ちょっとカジュアル	疑いや非難、驚きなどのニュアンスを含んでいる	必ずしも答えを求めていない

▶ <u>Why</u> is he in the party?（彼はなぜパーティーに来たの？）
→単に理由を尋ねている
▶ <u>How come</u> he is in the party?（彼はどうしてパーティーに来てるの？）
→彼がパーティーに来ていることを非難している
▶ <u>How come</u> he is in the party?!（彼、なんでパーティーに来てるの?!）
→来ないと思っていた彼がパーティーに来ていることに嬉しい驚きを表す
　How comeのニュアンスは文脈やイントネーションによって変化します。"he is..."以降は言わなくてもわかる場合、省略されます。

2. How 形容詞＋VS?

　基礎的な構文ではありますが、ネイティブが本当によく使う言い回しです。話を広げるための質問文としても、相づちとしても使えます。

例）A: The new ramen shop just opened last week.（先週、新しいラーメン屋ができたんだ）
　　B：Oh, <u>how far is it</u> from here?（ほう、ここからだとどのくらい？）

例）C: Actually, she prepared everything for this presentation, down to the equipment.（実は、機械周りとか含めて今回のプレゼンの準備は彼女がやってくれたんだ）
　　D: Oh, <u>how sweet is she?</u>（あら、なんて優しいの！）

（スパルタ英会話 篠田）

Making Suggestions

提案する

Recommending Favorite Restaurants
おすすめのレストランを紹介

　　スパルタ英会話で働いているとネイティブ講師に「今から昼ごはんなんだけど、何かおすすめある？」とよく質問されます。日本に暮らす外国人が自分より詳しい情報を持っているはずの日本人に「おすすめ」を聞くのは自然なことですね。ここでは同僚の Trevor に、デートにおすすめのレストランを紹介する場面を体験して、相手の希望に合ったお店をおすすめできるように準備していきましょう。

• Characters 登場人物 •

Trevor（トレヴァー）

ボストン出身の 30 代のシティ・ボーイ。エリートで仕事もできる、彼女思いのパーフェクトなイケメン。次のデートの場所が決まらず、あなたに意見を求めてきました。

YOU（あなた）

会社の昼休みに同僚の Trevor にデートにおすすめのレストランを聞かれました。あなたが知っている素敵なレストランや、検索で出てきた情報を彼に伝えてみましょう。

🎧 187

Scene 1

Ideas for Trevor's Next Date
次のデートのアイデア

同僚の Trevor が、
彼女とのデートのお店選びに悩んでいるようです。

Hey, I'm looking for a nice restaurant for my next date.

YOU

Sounds nice. Do you have any ideas for the date?

No, I need some help. I want to celebrate our 1-year anniversary.

YOU 🗣 **Say in English!**

1 彼女は何が好きなの？
2 高級レストランに行きたい？
3 二人にとって思い入れのある場所とかはある？

13 | Recommending Favorite Restaurants

3択の英文は次のページ ➡ 167

Answer 1 What does she **like**?

ワットダzシー **ライ**k？

☞ より丁寧に聞きたい場合は、"What kind of food does your girlfriend like?" です。"What food does she like?" でも伝わります。

Answer 2 Do you want to go to a **fancy** restaurant?

ドゥー ユー ウォnトゥー ゴー トゥー ア **ファ**nスィー レスtランt？

☞ 形容詞fancyは「高級でおしゃれな」という意味です。ただし、この用法で使うのはアメリカ英語のみ。イギリスでは「装飾された」という意味で使われます。

Answer 3 Are there any locations that are **meaningful** to the two of **you**?

アー ゼァ エニィ ロケィションz ザッt アー **ミーニン**gフォゥ トゥー ザ トゥー オvユー？

☞ 「思い入れのある」は一単語で訳すことが難しい日本語の1つ。ここではmeaningful（意味のある、有意義な）を使っています。二人にとって意味のある＝思い入れがある、ということです。「思い出深い」はlocations that bring back memoriesなどと表現します。

ダイアログをもう1度CHECK!

Trevor: **Hey,** I'm looking for a **nice** restaurant for my next **date.**
（ねえ、次のデートのためにいいレストランを探してるんだけど）

YOU: Sounds **nice.** Do you have any **ideas** for the **date**?
（いいね。何か考えはあるの？）

Trevor: **No,** I need some **help.** I want to celebrate our **1-year** anniversary.
（ないから、ちょっと助けてほしくて。一周年記念を祝いたいんだ）

YOU: ❶ What does she **like**?
（彼女は何が好きなの？）

❷ Do you want to go to a **fancy** restaurant?
（高級レストランに行きたい？）

❸ Are there any locations that are **meaningful** to the two of **you**?
（二人にとって思い入れのある場所とかはある？）

Scene 2

Suggesting a Good Restaurant

レストランを提案する

あなたのおすすめのレストランを紹介してみましょう。

3択の英文は次のページ ➡

191

Answer 1 Its atmosphere is **amazing.**

イッツ アtモsフィア イzア**メ**ーズィンg

☞「雰囲気」に相当する英単語はatmosphereまたはambienceです。atmosphereはどちらかといえば自然・天然のものに対して用い、ambienceは建造物など人工的に作られたものに対して用いられる傾向にあります。

Answer 2 It just opened last **month** and it's **popular.**

イッt ジャst オープンd ラスt **マ**ンth アンd イッツ **ポ**ピュラー

☞「リニューアルオープンした」と言いたい場合はIt was renovated. またはIt reopened. です。

Answer 3 The reviews are **fantastic** and it has a large **selection** of wine.

ザ レvューz アー ファン**タ**sティッk アンd イッt ハz ア ラージ セ**レ**kション オv ワイン

☞ review（批評、レビュー）はたいてい文章で書かれるものであるのに対し、word of mouth（口コミ）はface-to-face（対面）で伝わっていくものを指します。

192

ダイアログをもう1度CHECK!

Trevor: My girlfriend loves **Italian** food.
（僕の彼女はイタリアンが好きなんだ）

YOU: We have **lots** of Italian restaurants around **here.**
（イタリアンレストランだったら、この辺りにいっぱいあるよ）

Trevor: **Yeah,** that's why I **can't** decide which one to go to.
（うん、だからどこに行くべきか決められなくて）

YOU: How about Bistro **Sparta**?
（『ビストロ スパルタ』はどう？）

1 Its atmosphere is **amazing.**
（雰囲気がとてもいいよ）

2 It just opened last **month** and it's **popular.**
（先月オープンしたばかりで人気だよ）

3 The reviews are **fantastic** and it has a large **selection** of wine.
（レビューも素晴らしいし、ワインの種類が豊富なんだよね）

Scene 3

Offering Another Option

別の選択肢を提案する

イタリアンレストランをおすすめしましたが、
気が変わったようです。

3択の英文は次のページ ➡

Answer 1 I know a **few**!

アィ ノゥ ア **フュー**！

☞ a few「いくつかの」。quite a few（わりと多い）、few（少ししかない）、very few（ほとんどない）、the few（少数派）…など、few は様々な表現に派生できる便利な言葉です。

Answer 2 let me **check** if there is a **good** one nearby.

レット ミー **チェ**ッk イf ゼァ イz ア **グッ**d ワn ニアバィ

☞ if は「もし」が有名な意味ですが、今回のように "if ＋文" で「〜かどうか」という意味でも使われます。

Answer 3 I can **recommend** one which directly **imports** their wines from **France**.

アィ キャn リコメンd ワn ウィッチ ディレktリー インポーツ ゼア ワインzfロmfランs

☞ 「直輸入する」は directly import です。import は名詞で「輸入品」という意味もあるので、direct import で「直輸入品」になります。I recommend〜ではなく、I can recommend〜と言うと少し控えめな言い方になります。

ダイアログをもう1度CHECK!

Trevor: **Sorry**, I **changed** my mind.
（ごめん、気分が変わったよ）

YOU: What **happened**?
（どうしたの？）

Trevor: Now I **feel** like eating something **French** rather than Italian.
（イタリアンよりも、今はなんかフランス料理が食べたくてさ）

YOU: **French**? Well,
（フランス料理？だったら、）

❶ I know a **few**!
（いくつか知っているよ！）

❷ let me **check** if there is a **good** one nearby.
（近くに良いところがないか調べさせて）

❸ I can **recommend** one which directly **imports** their wines from **France**.
（フランスからワインを直輸入しているところがおすすめだよ）

Scene 4
Explaining About the Restaurant's Specialties
レストランの名物を教える

お店の特徴を伝えてみましょう。

3択の英文は次のページ ➡ 173

Answer 1 It has **two** Michelin stars.

イットハz **トゥー** ミシェラン スターz

☞ ミシュラン（Michelin）はフランスの大手タイヤメーカー。1900年、ドライバー向けのガイドブックとして無料配布したのが今日のミシュランガイドの始まりなのだそう。

Answer 2 You can enjoy the **night** view from the **top** floor.

ユー キャンエンジョイ ザ **ナイ**tvユー fロmザ **トッ**pfロア

☞ night view で「夜景」。view には「特定の場所から見る景色」、sight には「日常的な風景」というニュアンスがあります。そのため、night view と night sight では意味が異なります。

Answer 3 They offer a **complimentary anniversary** cake.

ゼイ オファー ア コンpリメンタリー アニ**v**ァーサリー ケイk

☞ 単なる「無料の」である free に対して、complimentary は「敬意を持って無料でご奉仕する」というニュアンスです。そのため、ホテルや高級レストランのサービスについては free ではなく、complimentary が使われます。

ダイアログをもう1度CHECK! 🎧 198

Trevor: What's **special** about this place?
（ここは何がすごいの？）

YOU: ❶ It has **two** Michelin stars.
（ミシュランで2つ星なんだ）

❷ You can enjoy the **night** view from the **top** floor.
（最上階からの夜景が楽しめるよ）

❸ They offer a **complimentary anniversary** cake.
（無料の記念日ケーキを提供してくれるよ）

Trevor: That sounds **perfect**! I **reckon** she would love that.
（完璧じゃん！それだったら彼女も喜ぶだろうね）

YOU: Yeah, I **promise** she will!
（うん、約束するよ！）

Answer 1 Good **luck** with the **booking**!

グッド **ラッ**kウィzザ **ブッキン**g！

☞ Good luck!と言うとき、真っ直ぐ立てた人差し指の後ろから中指を巻きつけるジェスチャーをすることがあります。これはcrossed fingersと呼ばれ、相手の幸運を願ってするジェスチャーです。

Answer 2 You'd **better** call soon.

ユーd **ベター** コーl スーン

☞ You should call soon. とshouldを使ってもいいですが、より強いhad betterを使うと「すぐに予約しないと埋まっちゃうよ！」というニュアンスを出せます。ただし半ば命令口調でもあるので、目上の人に使うのはNG。

Answer 3 They have an **online** booking system. You can **book** through their **website**.

ゼイ ハv アn **オンライン** ブッキンg スィステm　ユー キャnブック
thウルー ゼア **ウェ**bサイt

☞ bookはreserveとほぼ同じ意味ですが、前者は口語寄り・後者は書き言葉寄りの傾向があります。

ダイアログをもう1度CHECK!

Trevor: Do they require a **reservation**?
（ここって予約要るの？）

YOU: Umm, I think it's better to **make** one.
（そうだね、した方が良さそうだね）

Trevor: **Right**, it's **too** fancy for drop-ins. I hope they **have** seats **available**!
（だよね、ちょっと立ち寄るような店じゃないね。席空いてたらいいけどなあ）

YOU: ❶ Good **luck** with the **booking**!
（予約取れるといいね！）

❷ You'd **better** call soon.
（すぐに電話したほうがいいよ）

❸ They have an **online** booking system. You can **book** through their **website**.
（オンラインの予約システムがあるね。お店のサイトで予約できるよ）

COLUMN

I recommend? I suggest? I propose?

相手に何かすることを「おすすめ・提案」するフレーズは様々ありますが、それぞれのニュアンスの違いをみてみましょう。

・**I <u>recommend</u> that you study English more.** （もっと英語を勉強することをおすすめするよ）
→recommendを使うと「具体的な行動をすること」を促します。

・**I <u>suggest</u> that you study English more.** （もっと英語を勉強してみたらどうかな）
→「やってみるのはどうか」という1つの選択肢の提案。recommendより控えめで、行動を求めるのではなく、「ちょっと考えてみて」という提案です。

・**I <u>propose</u> that you study English more.** （もっと英語を勉強してみるといいよ）
→suggestのニュアンスに近いですが、より「自分はこう思うよ」という発言者の意志が込められています。

・**<u>Why don't you</u> study English more?** （もっと英語の勉強してみたら？）
→直訳が「なぜ〜しないのですか」なので、実はわりと強めの提案・アドバイスです。recommendのニュアンスに近いです。

・**<u>How about</u> studying English more?** （もっと英語の勉強してみるとか、どう？）
→「英語の勉強も悪くないんじゃない？どう？」と、今思い浮かんだことを言ってみたというようなニュアンス。suggestに近いですが、よりカジュアル。

・**<u>You should</u> study English more.** （もっと英語の勉強をした方がいいよ）
→強いアドバイス。mustよりは弱いですが、shouldは「〜すべき」とも訳されるとおり、あまり親しくない相手に使うと失礼だと感じる人もいるので要注意。

・**<u>You may need</u> to study English more.** （英語の勉強、もっとする必要があるかもね）
→婉曲表現その1。実際は「やれよ」というニュアンスを暗示していることも。

・**<u>You may want</u> to study English more.** （英語の勉強、もっとやってみるといいかも）
→婉曲表現その2。「あなたの意志」を尊重した柔らかい言い方です。

（スパルタ英会話 Carmen）

Making Plans
遊びの約束

「友達と会う約束をする」というのはよくある場面ですね。日本だと特に若い人はLINEなどのテキストで連絡する人が多いかもしれませんが、英語圏では電話やビデオ通話がより気軽に使われます。ここでは日本に遊びに来ているLauraとビデオ通話を通して、会う約束をしたり近況報告したりするシーンを体験します。外国人の友達がいる方はLauraの代わりに、ぜひその人を思い浮かべながら会話を追ってみてください。

Characters 登場人物

Laura（ローラ）
フロリダ州オーランド出身の20代の女性。以前日本の大学に留学していて、同級生だったあなたと仲良くなりました。久しぶりに日本に遊びに来たようです。

YOU（あなた）
大学時代に仲良くなったLauraから日本に遊びに来ていると連絡をもらいました。以前はよくビデオ通話をしていたので、久しぶりにかけて会う約束をします。

Scene 1

Recent Updates
近況報告

久しぶりに Laura にビデオ通話で連絡してみます。

Answer 1 Pretty **good.**

プリティ **グ**ッd

☞ pretty good＝very good と考えている方が多いですが、実はイコールではありません。very good（とてもいい）に対し、pretty good は「そこそこいい」です。日本人が謙遜で言う「まずまずですよ」は、実はこの pretty good が最も近いです。

Answer 2 Things are going really **well.**

thイン gs アー ゴーイン g リアリー **ウェ**l

☞ go の意味は数多いですが、well と組み合わせると「進展する」「うまくいく」という意味で使えます。「いろいろ」は things で表せます。

Answer 3 I recently **changed** my job, and everything's **great.**

アィ レセnトリー **チェンジ**d マィ ジョb, アンd エvウリthイン gs g**レイ**t

☞ great は「とてもいい」という意味以外にも、great city（「大」都市）や Alexander the Great（アレクサンダー「大王」）といった用法があります。また、「順調」は他にも go well や be on track という言い方が可能です。

205

ダイアログをもう1度 CHECK!

YOU: **Hello,** it's ◯◯. Long time no **talk.**
（もしもし、◯◯だよ。久しぶり）

Laura: **Wow, it's** been a **while! How** have you **been?**
（おお、久しぶり！元気にしてた？）

YOU: ❶ Pretty **good.**
（そこそこいい感じだよ）

❷ Things are going really **well.**
（いろいろすごくうまくいってるよ）

❸ I recently **changed** my job, and everything's **great.**
（最近転職したんだけど、すべて順調だよ）

Laura: I'm so **glad** to hear that.
（それは何よりだよ）

180

🎧 206

Scene 2

Meeting Up
会って話す

Laura と近況報告をし合いました。
せっかくなので会う約束をしてみましょう。

YOU
Since it's been a while, let's meet up.

Sure! When is the next time you're free?

14 | Making Plans

YOU 🎤 Say in English!

1 明日の午後とか？
2 来週の月曜日なら空いてるよ。
3 来週月曜日の12時に、新宿のスパルタコーヒーはどう？

Great. Let's meet then at Sparta Coffee.

3択の英文は次のページ ➡ 181

Answer 1 ▶ Like tomorrow **afternoon**?

ライkトゥモロー アfタ**ヌ**ーn?

☞ ここでのlikeは「〜のような」から発展して、「じゃあ、〜とか?」というフランクな提案の表現です。How about〜?と比べると、「例えば、こんなのがあるよ」と自分の主張を抑えた控えめなニュアンスです。

Answer 2 ▶ I'm free next **Monday**.

アイmfリー ネクst **マ**ンデイ

☞ free「空いている」。freeには「自由な」「無料な」等の意味もありますが、共通のイメージとして「束縛されていない」と覚えておきましょう。座席など「物理的に空いている」場合はvacantの方がよく使われます。

Answer 3 ▶ **How** about next Monday at **12** at **Sparta** Coffee in Shinjuku?

ハゥ ァバウt ネクst マンデイ アットゥ**ウェ**ルv アットs**パ**ルタ カァフィ イn シンジュク?

☞ 東京のような大都市だと同じ地区に同じコーヒーショップが複数あることも珍しくないので、例えばnear Sparta Building(スパルタビルの近く)やnext to Sparta Store(スパルタストアの隣)といった情報を付け加えるといいですね。

ダイアログをもう1度CHECK!　

YOU: Since it's been a **while**, let's **meet** up.
（久しぶりだし、会って話そうよ）

Laura: **Sure**! When is the **next** time you're **free**?
（そうだね！直近だったらいつが空いてる?）

YOU: ❶ Like tomorrow **afternoon**?
（明日の午後とか?）

❷ I'm free next **Monday**.
（来週の月曜日なら空いてるよ）

❸ **How** about next Monday at **12** at **Sparta** Coffee in Shinjuku?
（来週月曜日の12時に、新宿のスパルタコーヒーはどう?）

Laura: **Great**. Let's meet then at **Sparta** Coffee.
（いいね。その時にスパルタコーヒーでね）

Moving
引っ越し

あなたは最近引っ越しをしました。
Laura にそのことを話します。

YOU

I've moved to a new place recently.

Oh, really? Where are you living now?

YOU 🗨 Say in English!

1 渋谷だよ。
2 渋谷近くの良いエリアだよ。
3 渋谷のセンター街から歩いて10分ぐらいのところだよ。

Wow, I'd love to visit!

3択の英文は次のページ ➡

Answer 1 In **Shibuya**.

イ n **シブヤ**

☞ 渋谷・原宿は日本の都市の中でもトップクラスの知名度があります。ボストン美術館（Museum of Fine Arts, Boston）には、以前「Harajuku Fashion」の特設コーナーがあったそうです。

Answer 2 It's a great area near **Shibuya**.

イッツ ア g レイ t エアリア ニア **シブヤ**

☞ 「好立地」は great location という言い方もあります。

Answer 3 It's about a **10**-minute walk from **Shibuya Center-gai**.

イッツ ァバウ t ア **テ** n ミニッ t ウォー k f ロ m **シブヤ センター ガイ**

☞ ここで最も多い間違いが a 10-minute<u>s</u> walk と s をつけてしまうこと。名詞を修飾する形容詞として使う場合、s はつきません。これに対し、be 動詞のあとに目的格として置く場合は、ハイフンなしで s がつきます。例）It's a <u>10-minute</u> walk. / The walk is <u>10 minutes.</u>

ダイアログをもう1度CHECK!

YOU: I've moved to a **new** place recently.
（実は最近、新しい場所に引越したんだよね）

Laura: **Oh**, really? Where are you **living** now?
（あぁ、そうなんだ！今はどこに住んでるの？）

YOU: ❶ In **Shibuya**.
（渋谷だよ）

❷ It's a great area near **Shibuya**.
（渋谷近くの良いエリアだよ）

❸ It's about a **10**-minute walk from **Shibuya Center-gai**.
（渋谷のセンター街から歩いて10分ぐらいのところだよ）

Laura: **Wow**, I'd love to **visit**!
（おお、遊びに行ってみたい！）

Going to an Izakaya
居酒屋に行く

以前、Laura とよく行っていた居酒屋に行くことを
提案してみましょう。

YOU

We haven't been to Izakaya Sparta in a while, so let's go!

Sure, but that place is really popular and crowded.

YOU 🔊 Say in English!

❶ 早めに行こうよ！
❷ 事前に予約しておこうよ。
❸ それなら大丈夫！そこで働いてる知り合いがいるからさ。

Oh, then I'm in!

14 | Making Plans

3択の英文は次のページ ➡

Answer 1 We can go **early**!

ウィー キャn ゴー **アー**リー！

☞ 直訳すると「早く行くことができるよ」ですが、これが「早く行こうよ！」という誘い、提案のニュアンスで使われます。いわゆる婉曲表現の一つです。

例）A：Oh, the eat-in is super crowded.（おお、店内は混んでるね）
B：Well, <u>we can still take out</u>.（じゃあ、テイクアウトにしようか）
A：That works. Let's do that.（いいね。そうしよう）

Answer 2 Let's make a **reservation** in advance.

レッツ メイkア リザvエーショnイnアdvアンs

☞ in advance「事前に、先だって」。beforehandという言葉もありますが、話し言葉だと in advance の方がよく使われます。

Answer 3 It'll be **fine**! I know a **friend** who works **there**.

イットゥ ビー **ファ**イn！　アィノウ アfレンd フー ワーks **ゼ**ア

☞ <u>I have</u> a friend ではなく <u>I know</u> a friend なのがポイント。know を使うことによって、「友達」ではなく「知り合い」「知人」というニュアンスになります。ちなみに4コマ目のI'm in!ですが、これは直訳の「私入る！」から「参加するよ！」「賛成！」という意味で使われます。

ダイアログをもう1度CHECK!

YOU: We haven't been to Izakaya **Sparta** in a while, so let's **go**!
（久しぶりに居酒屋すぱるたに飲みに行こうよ！）

Laura: **Sure,** but that place is **really** popular and crowded.
（いいね！でもあそこ、すごく人気で混雑するよね）

YOU: ❶ We can go **early**!
（早めに行こうよ！）

❷ Let's make a **reservation** in advance.
（事前に予約しておこうよ）

❸ It'll be **fine**! I know a **friend** who works **there**.
（それなら大丈夫！そこで働いてる知り合いがいるからさ）

Laura: **Oh,** then I'm **in**!
（お、それならのった！）

Scene 5

Going for a Drive
ドライブに行く

運転免許を取得していたあなた。
Laura にとってはちょっと意外だったようです。

YOU
By the way, you know I got my driver's license, right?

Oh, is it for work?

YOU 💬 Say in English!
1 毎回ではないけど、大体そうだね。
2 仕事でも結構運転するけど、遊びに行ったりもするよ。
3 厳密には、仕事の付き合いで車を買わされたって言うべきかな。

Oh, I see. Then let's all go somewhere together next time.

3択の英文は次のページ ➡ 187

Answer 1 **Often**, but **not** always.

オッフn, バット **ノ**ット オーlウェイz

☞ 頻度を表す表現は、often、sometimes などの副詞だけでなく、この often but not always のように副詞を組み合わせたものや、now and then、from time to time（意味はどちらも「時々」）などの熟語表現も使う機会は多いので、ぜひ覚えておきましょう。

Answer 2 I drive it a lot for **work**, but also for **traveling**.

アィ dライvイットア ロット フォー **ワ**ーk, バット オーlソー フォー t**ラ**vエリンg

☞ 「娯楽、アクティビティ」という意味でレジャーという言葉を日本語では使いますが、英語の leisure とはニュアンスが若干異なります。leisure は「自由時間、暇な時間（＝ free time）」で、遊び等の「行動」の意味はありません。

Answer 3 **Technically**, I should say I got **forced** to buy a car by a business **contact**.

テkニカリー, アィ シュッd セイ アィ ガット **フォ**ーst トゥー バイ ア カー バィ ア ビジネs **コンタク**t

☞ technically は technic という単語から「技術」という意味が想起されがちですが、会話ではほとんどの場合、「厳密に／正確に」の意味で使います。概要を話したあと、「まあ、ちゃんと厳密に言うとね…」というようにも使う、かなりの頻出ワードです。

ダイアログをもう1度CHECK!

YOU: **By** the way, **you** know I got my **driver's** license, right?
（そういえば、私が運転免許をとったのは知ってるよね？）

Laura: **Oh**, is it for **work**?
（おお、仕事用？）

YOU: ❶ **Often**, but **not** always.
（毎回ではないけど、大体そうだね）

❷ I drive it a lot for **work**, but also for **traveling**.
（仕事でも結構運転するけど、遊びに行ったりもするよ）

❸ **Technically**, I should say I got **forced** to buy a car by a business **contact**.
（厳密には、仕事の付き合いで車を買わされたって言うべきかな）

Laura: Oh, **I** see. Then **let's** all go somewhere **together** next time.
（なるほどね。じゃあ今度みんなでどこかに行こうよ）

「somethingとanythingって、どう違うんですか？」

　こんな質問を生徒さんより多く受けます。なんとなく意味の違いはわかっていても、どちらを使うべきなのか迷う場面はたしかに多いですね。ここでは3つの例を通して、somethingとanythingのニュアンスの違いをご紹介したいと思います。

1. 何か飲まれますか？

　来客に対してこのように尋ねたい場合、**"Do you want <u>something</u> to drink?"**（何か飲まれますか）とsomethingを使うのが正解です。この時、**"Do you want <u>anything</u> to drink?"** とは言えません。anythingには「どんなものでも」という意味が含まれているため、「あなたの飲み物なんて、どんなものでもいいよね」という失礼な響きになってしまうからです。

　一方で、お客さんの方から **"Do you have <u>something</u> hot to drink?"**（何か温かい飲み物をいただけますか）と尋ねることがあるかもしれません。こちらはanythingに置き換えて言うと、「何でもいいので、何か温かい飲み物をいただけますか」という相手への配慮のニュアンスを含ませることができます。

2. 何か食べるものがほしいな。

　"I wanna get <u>something</u> to eat." と **"I wanna get <u>anything</u> to eat."** の違いを考えてみましょう。前者は、単に「何か食べるものがほしいな」と言っています。これに対して後者は、「食べられるものなら、何でもほしい！」というニュアンスです。つまり、例えば遭難していて何日も何も食べていない状況が続いている…など、何か特定の事情や環境がある時に使うのですね。

3. 何か見ましたか？

　目撃情報を探している刑事が使いそうなフレーズです。**"Did you see <u>something</u>?"** と尋ねると、ただ「何か」を見たかどうか、つまり「見たか、見ていないか」に焦点が当たっているのに対し、**"Did you see <u>anything</u>?"** と言うと、何かを見たことは前提として、「何でもいいから、何か見たよな？（＝それが何か教えてくれ）」というようなニュアンスで、見た対象によりフォーカスしている印象を与えます。

（スパルタ英会話 篠田）

Introducing Sightseeing Spots
おすすめの観光スポットを紹介

　海外旅行をするとき、現地に友人がいたら、あるいは誰か
と知り合ったら、おすすめの観光スポットやお店を聞いてみ
たくなりませんか。現地の人との交流で、ガイドブックに
載っていない情報を得られることもありますよね。外国人観
光客もそれは同じです。ここでは東京という設定ですが、ご
自身のおすすめスポットやお店、料理やアクティビティに置
きかえて、ぜひ練習してみましょう。

● Characters 登場人物 ●

Augustus（オウグストゥス）
アメリカのインディアナ州出身の 30 代男性。
恋人の Katy と一緒に日本に遊びに来ました。

Katy（ケイティ）
Augustus の恋人で、彼と今回初めて日本を訪れ
ました。日本のアニメや漫画が大好き。

YOU（あなた）
バーでくつろいでいたら、Augustus と Katy
に話しかけられました。おすすめの観光地や
施設を教えてあげて、交流を深めたいと思い
ます。

Instaworthy

インスタ映え

隣に座った外国人観光客に話しかけられました。
次に訪れるべき観光地についてアドバイスがほしいようです。

3択の英文は次のページ ➡ 191

Answer 1 There are so many **beautiful** buildings.

ゼア アー ソー メニィ **ビューティフォー** ビルディングs

☞ There is/are〜ではなく It has〜という言い方もできます（It は国や街などの地域を指します）。＝ It has so many beautiful buildings. 意味は「そこには〜がある」で、There is/are〜と同じです。

Answer 2 Charming streets of **Koedo**, for example.

チャーミンg stリーツ オv **コエ**ド, フォー イgザンポー

☞ 「風情のある」に相当する英語を探すと tasteful が出てきます。こちらは taste（味）が入っていて「味わい深い」という雰囲気なのでぴったりな感じがしますが、かなり形式ばった言葉です。口語では「素敵な」「魅力的な」という意味の charming や attractive など、よりストレートに意味が伝わる単語が使われることが多いです。

Answer 3 You can look up **tags** on Instagram to see what **others** have posted.

ユー キャンn ルックk アップp **タ**ァgs オn インsタグラm トゥー スィー ワットt **ア**ザーs ハv ポsティッd

☞ SNSで使われるハッシュタグは hashtag と言った方がより丁寧ではありますが、このように単に tag と呼ばれることもあります。

ダイアログをもう1度CHECK!

Augustus: I **wanna** take some pictures for **Instagram**. Do you **know** any good **spots**?

（インスタ用に写真を撮りたいんです。どこかいい場所を知っていますか？）

YOU: If you want something **traditional**, I suggest **Kawagoe** and **Asakusa**.

（古風なものを撮りたければ、川越や浅草がおすすめですよ）

Augustus: That's **great! What** kind of things are there to take **pictures** of?

（いいですね！どんな写真が撮れますか？）

YOU: ❶ There are so many **beautiful** buildings.

（美しい建物がたくさんあります）

❷ Charming streets of **Koedo**, for example.

（例えば、小江戸の風情ある街並みです）

❸ You can look up **tags** on Instagram to see what **others** have posted.

（インスタグラムのタグを見ると、他の方の投稿が見られますよ）

Scene 2

Staying Indoors
屋内で遊ぶ

東京特有の蒸し暑さに苦労している様子の Augustus と Katy。
快適に過ごせる場所を探しています。

Japan is really hot. Do you know any indoor places we would enjoy?

YOU
I recommend Odaiba. There's a lot of indoor entertainment.

That sounds fun. For example, what kind of activities?

YOU — 🔊 Say in English!

1 たくさん買い物できます！
2 遊園地や博物館がいくつもありますよ。
3 年齢にかかわらず楽しめるアクティビティがそろっていますよ。

3択の英文は次のページ ➡ 193

Answer 1 Lots of **shopping**!

ロッツ オ v **ショッピン** g！

☞ "You can do..." などと必ずしも文にする必要はありません。lots of の代わりに a lot of でも OK。意味はどちらも「たくさんの〜」ですが、厳密にいうと少し違いがあります。a lot of：少しフォーマル、その後の名詞を強調したい場合に使う / lots of：少しカジュアル、「たくさんの」を強調したい場合に使う。

Answer 2 It has many **amusement** parks and **museums**.

イット ハ z メニィ ア **ミューズメン** t パー ks アン d ミュー **ズィアム** s

☞ 博物館や美術館の名前は、英語と日本語で大きく異なることが多いです。（日本科学未来館：National Museum of Emerging Science and Innovation など）。外国人に案内してあげる際は公式サイトの英語表記で書かれたものを見せて案内すると親切ですね。

Answer 3 They have a **variety** of things to do that people of **any** age can enjoy.

ゼィ ハ v ア ア **ラ** エティ オ v th イン gs トゥ ドゥー ザット ピーポー オ v **エニィ** エイジ キャ n エンジョイ

☞ people of any age「あらゆる年齢の人」（＝どんな年齢の人でも）。that 以下を people can enjoy **regardless of age**（年齢にかかわらず）と言うこともできます。

ダイアログをもう1度CHECK!

Augustus: Japan is really **hot**. Do you **know** any **indoor** places we would **enjoy**?

（日本って暑いんですね。どこか屋内で楽しめる場所はありますか？）

YOU: I recommend **Odaiba**. There's a lot of **indoor** entertainment.

（お台場がおすすめです。たくさんの屋内娯楽施設がありますよ）

Augustus: That sounds **fun**. For example, what **kind** of activities?

（楽しそうですね。例えばどんなアクティビティがありますか？）

YOU: ❶ Lots of **shopping**!

（たくさん買い物できます！）

❷ It has many **amusement** parks and **museums**.

（遊園地や博物館がいくつもありますよ）

❸ They have a **variety** of things to do that people of **any** age can enjoy.

（年齢にかかわらず楽しめるアクティビティがそろっていますよ）

Answer 1 Of **course**!

オf**コ**ーs！

☞ 「温泉に裸で入る」というのは海外から見るとかなり異質の文化で、例えばアメリカに点在するスパやジャグジーでは必ず水着を着ます。私達日本人が海外のヌーディストビーチに対して驚いてしまうのと同じ現象のようです。

Answer 2 **Yeah**, you can rent **towels** and **loungewear**.

イ**ヤ**ァー, ユー **キャ**nレン **タ**ァオゥzアンd**ラ**ウンジウェア

☞ 「館内着、室内着」はloungewearです。この単語が出てこなくてclothesと言っても、言いたいことは伝わります。

Answer 3 You can rent **most** things and use their various **amenities**.

ユー **キャ**nレンt **モ**stthインgsアンdユーz ゼア vアリアs ア**メ**ニティーz

☞ amenityは元々「快適さ」「快適な環境、設備」という意味なので、「アメニティ」は厳密にはamenity goodsと言うべきなのですが、amenitiesと言われるのが俗です。

ダイアログをもう1度CHECK! 🎧 226

Augustus: Was **that** big building a hot **spring**?
（あの大きな建物は温泉ですか？）

YOU: It's a **public** bath. It has a **large** bathing area and space to **relax**.
（あれはスーパー銭湯です。大浴場とリラックススペースがありますよ）

Augustus: Oh, I want to **go**! I **didn't** bring anything. Is that okay?
（ぜひ行ってみたいです！何も持ってきてないですが、大丈夫ですか？）

YOU: ❶ Of **course**!
（もちろん！）

❷ **Yeah**, you can rent **towels** and **loungewear**.
（ええ、タオルや館内着は借りられますよ）

❸ You can rent **most** things and use their various **amenities**.
（ほとんどのものは借りられますし、様々なアメニティも使えます）

Scene 4

Japanese Photo Booths
プリクラ

人生初のプリクラを撮ってきた Augustus と Katy。
その写真を見せてくれました。

We just took some *purikura* pictures at the arcade.

YOU
Wow, you took some cute pictures. It looks like you had fun.

Yeah! Since we ran into each other, let's take a selfie together!

YOU ● Say in English!

1 いいですよ！
2 ええ！スマホは私のとあなたの、どちらを使いますか？
3 自撮りもいいですけど、私たちもプリクラで撮りませんか？

15 | Introducing Sightseeing Spots

3択の英文は次のページ ➡

Answer 1 Why **not**!

ワイ **ノ**ット！

☞ Why notは直訳すると「どうしてNOなんだい？」。つまりYesであるということですね。SureやOkayと同じように賛同・承諾の返答として用いられます。

Answer 2 **Sure**! Should we use **your** phone or mine?

シュア！　シュッど ウィー ユーz **ヨ**ア フォnオァ マイn？

☞ mine「私のもの」。この場合はyour phone or my phone?と言うところを省略してmy phoneではなくmineと言っているのですね。

Answer 3 A selfie is **good**, but **why** don't we take some **photo** booth pictures **too**?

ア セ|フィー イz **グ**ッd, バッt **ワイ** ドンt ウィー テイk サm **フォ**t
ブーth ピkチャーz **トゥー**？

☞ 自撮りのマナーとして、ブログやSNSなどに写真をアップしたい際は必ず相手に許可をとりましょう（これは日本人同士でも同じですね）。
例）May I upload it to Facebook?（フェイスブックにアップしてもいいですか？）

ダイアログをもう1度 CHECK!

Augustus: We just took some *purikura* pictures at the **arcade**.
（さっき、あそこのゲームセンターでプリクラを撮ってきたんです）

YOU: **Wow**, you took some **cute** pictures. It looks like you had **fun**.
（おお、いい写真が撮れていますね。楽しそうです）

Augustus: **Yeah**! Since we ran **into** each other, let's take a **selfie** together!
（ええ！せっかく会えたことですし、私達も一緒にスマホで一枚撮りましょう！）

YOU: **❶** Why **not**!
（いいですよ！）

❷ **Sure**! Should we use **your** phone or mine?
（ええ！スマホは私のとあなたの、どちらを使いますか？）

❸ A selfie is **good**, but **why** don't we take some **photo** booth pictures **too**?
（自撮りもいいですけど、私たちもプリクラで撮りませんか？）

Answer 1 ▶ What **anime** do you like?

ワッt **アニメ** ドゥー ユー ライk？

☞ 日本のアニメのタイトルは「そのままローマ字表記にした」ものが英語タイトルになっていることが多いですが、一部英単語に置き換わっているものもあります。アニメについて外国人と話す際は、ぜひ事前に確認してみてくださいね。

Answer 2 ▶ You can enjoy **special** foods featuring anime **characters**.

ユー キャn エンジョイ sペシャl フーz フィーチャリンg アニメ **キャ**ラkターz

☞ 動詞featureには「〜を特集する」「〜を主役にする」といった意味があります。楽曲などで、"featuring ○○"、あるいは省略して"feat. ○○"の形で使われている単語ですね。

Answer 3 ▶ **Usually** all major animes **have** one, though some are only for a **limited** time.

ユージョアリー オーl メジャー アニメz **ハ** v ワn, ゾゥ サm アー オンリー フォー ア **リ**ミテッd タイm

☞ thoughは「〜にもかかわらず」「〜だが」という接続詞。「期間限定だけど、人気のアニメはカフェがあるよ」というニュアンス。thoughは特に会話では文の末尾に置かれ、「〜だけどね」という意味を付け足す形で使われることもあります（p.69、131、153参照）。

ダイアログをもう1度CHECK! 🎧 232

Katy: **You** know, I really love Japanese **anime**.
（実は私、日本のアニメが大好きなんです）

YOU: If that's the **case**, I heard there are a lot of anime **concept cafes**.
（でしたら、アニメのコンセプトカフェがあるって聞きましたよ）

Katy: Ooh, **cafes**! What **kinds** are there?
（カフェですか！どんなカフェがあるんでしょうか？）

YOU: ❶ What **anime** do you like?
（好きなアニメはなんですか？）

❷ You can enjoy **special** foods featuring anime **characters**.
（アニメのキャラクターをテーマにした特別な食べ物が楽しめます）

❸ **Usually** all major animes **have** one, though some are only for a **limited** time.
（メジャーなアニメはたいていありますが、一部は期間限定です）

アイスキャンディーを英語で言うと…？

　少し英語を勉強し始めると、ノートパソコン（laptop）、フライドポテト（french fries）、ペットボトル（plastic bottle）など、いわゆる和製英語の存在にたくさん気が付きますよね。和製英語も外国人に話してみると盛り上がる話題の1つですので、その意味でも知っておくと役に立ちます。

1. ジェットコースター
「ジェット機」にちなんで日本ではこの名が浸透したようですが、英語では**roller coaster**と言います。rollerとは車輪のこと。ローラースケート（roller skates）のrollerと同じです。coasterにはいくつか意味がありますが、ここでは「そり」のことです。直訳すると「車輪付きのそり」です。

2. キャンプファイヤー
　山の中で大きな焚き火を囲んで行う行事、という意味で日本では使われますね。英語にもcampfireという語は存在するのですが、こちらは単なる「焚き火」。暖を取ったり料理をしたりするための小ぶりのものも含みます。より大きい炎の焚き火は**bonfire**と言います。

3. アイスキャンディー
　棒付きで個包装になっているアイスは**popsicle**と言います。これはもともとアイスキャンディーの1つの商品名だったのですが、ジップロックなどと同じように商品名がそのものの名前として定着した一例でもあります。

4. ブランコ
　こちらは語源がはっきりしていない言葉のようですが、英語では、「スイングする（揺れる）ロープ」という意味で**swing**と言います。子どもが腰をかける座面の部分ではなく、それを吊り下げているロープの部分に焦点をあてた名前になっているのが面白いですね。

　メリーゴーランド（**merry-go-round**）のように、和製英語ではなく、日本語と英語とでそのまま同じ言葉を使うものもあるので、注意してくださいね。

（スパルタ英会話 篠田）

Talking with a Customer
お客さんと雑談

　どんな話題にもなりうる「雑談」は、あらかじめ用意しておくことが難しく、戸惑うことも少なくないでしょう。その場の雰囲気や相手との関係性を踏まえて、様々なトピックに柔軟に対応することが求められます。ここでは「オフィスを訪れたお客さん」という設定にしていますが、少し距離のある関係性の相手なら当てはまる表現も多いので、ぜひ参考にしてみてください。

• Characters 登場人物 •

Rodney（ロドニー）
アメリカ南部出身の 50 代のビジネスマン。外資系企業の東京支社に勤めていて、担当の「あなた」との商談に訪れました。

YOU（あなた）
プロジェクトの説明や商談については、しっかり準備していれば切り抜けられるのですが、雑談の英会話は苦手。なんとか話をつなげられるように頑張ります。

3択の英文は次のページ ➡ 203

Answer 1 I'm happy to **hear** that.

アイm ハッピー トゥー **ヒア** ザッt

☞ I'm happy to hear that. の類似表現には、I'm glad to hear that.（〜嬉しいです）やI'm pleased to hear that.（〜喜ばしいです）などがあります。どの表現もフォーマルな場で使えます。

Answer 2 That's **great**! I appreciate your **visit**.

ザッツ g**レ**イt！　アィ ア**p**リシエイt ヨア **v**イズィt

☞ appreciate「感謝する」。例えば式典のスピーチなどのかしこまった場では、thank よりも appreciate や be grateful to 〜（意味はほぼ同じ）が使われます。

Answer 3 That's **right**. We really lucked **out** with this new **location**.

ザッツ **ラ**イt　ウィー リアリー ラックt **ア**ウt ウィz ディs ニュー ロ**ケ**ーショn

☞ luck out で「強い幸運に恵まれる」という意味です。今回のように with ＋名詞や and ＋動詞を続けて補足することができます。
例）I lucked out and found the vacant parking lot.（ツイてて、空いてる駐車場見つけられたよ）

ダイアログをもう1度CHECK!

Rodney: **Hi**, ○○. Good to **see** you today.

（○○さん、こんにちは。本日はお会いできて光栄です）

YOU: You **too**. Thank you for **coming** to our office.

（こちらこそ。私どものオフィスにお越しいただきありがとうございます）

Rodney: No **problem**. It's my first time coming **here**, but it was **really** easy to find.

（いえいえ。こちらに伺うのは初めてですが、とても見つけやすかったです）

YOU: ❶ I'm happy to hear **that**.

（そう言っていただけて嬉しいです）

❷ That's **great**! I appreciate your **visit**.

（よかったです！ご足労いただき誠にありがとうございます）

❸ That's **right**. We really lucked **out** with this new **location**.

（おっしゃる通り、ここの立地にはとても恵まれました）

Scene 2
Photos Hanging in the Office
オフィスに飾られている写真

会議室の壁に飾られている写真に目を留めたRodney。
静かにうなずいています。

Look at this picture. It's amazing.

YOU

Thank you. Our CEO's side hobby is photography.

Even so, that's a great one. It looks like it's more than just a hobby.

YOU 🗨 Say in English!

1 それを聞いたら彼も喜びます。
2 私たちによくコツを教えてくれます。
3 彼はブログまで書いているので、よろしければご覧になってください。

16 | Talking with a Customer

3択の英文は次のページ ➡ 205

Answer 1 ▶ He'll be **pleased** to hear **that**.

ヒーl ビー pリーズd トゥー ヒア **ザ**ット

☞ pleased「喜んで」「満足して」。be pleased with 〜（〜に満足している）か、be pleased to do（喜んで〜する）のどちらかの形で使われることが多い表現です。例）He <u>was pleased with</u> the news.（彼はその知らせに満足していた）/ I shall <u>be pleased to</u> serve you.（喜んで奉仕いたします）

Answer 2 ▶ He often gives us **camera tricks**.

ヒー オッフn ギvs アs **カメラ** t**リ**ックs

☞「コツ」はtrickです。「手品のトリック」などのイメージが強いかもしれませんが、今回のような「要領、秘訣」といった意味でも使われます。

Answer 3 ▶ He even has a **blog**, so please check it **out** if you like.

ヒー イーvn ハz ア b**ロ**g ソー pリーズ チェックイット **ア**ウt イf ユー ライk

☞「よろしければ」は if you like（直訳すると「もしお好きなら」）。慣用句的に使える表現です。相手に何か提案するときは、ほかにも if you have time（お時間ありましたら）、if you don't mind（気にされないようでしたら）、if that's okay with you（もし大丈夫でしたら）などを添えると、控えめで丁寧な印象になります。

ダイアログをもう1度CHECK!

Rodney: Look at this picture. It's **amazing**.
（この山の写真、素晴らしいですね）

YOU: **Thank** you. Our **CEO's** side hobby is **photography**.
（ありがとうございます。弊社代表の趣味が写真なんです）

Rodney: **Even** so, that's a **great** one. It looks like it's **more** than just a hobby.
（それにしても素晴らしい。趣味の範囲ではないように感じます）

YOU: ❶ He'll be **pleased** to hear **that**.
（それを聞いたら彼も喜びます）

❷ He often gives us **camera tricks**.
（私たちによくコツを教えてくれます）

❸ He even has a **blog**, so please check it **out** if you like.
（彼はブログまで書いているので、よろしければご覧になってください）

Inviting to a Golf Competition
休日のゴルフコンペに誘う

少し身体が重そうなRodney。
社内のスポーツイベントに誘ってみましょう。

Scene 3

I haven't been exercising recently. I have to do something about it.

YOU We're having a golf competition at our company this weekend.

Wow, that's great your company does that.

YOU 🔊 Say in English!
1 あなたもお越しになりませんか？
2 あなたなら大歓迎です！
3 週末に何かご予定はありますか？
いらしていただければ幸いです。

16 | Talking with a Customer

Answer 1 Why don't you **come**?

ワイ ドンt ユー **カ**m？

☞ Why don't you～?は直訳すると「なぜ～しないのですか?」ですが、「～しませんか」という「誘い」の意味で使われます。

Answer 2 You're **more** than welcome!

ユアー **モア** ザn ウェルカm！

☞ more than welcome「大歓迎」。welcome「歓迎する」をさらに強調させた言い方です。

Answer 3 Do you have **plans** this weekend? We would **love** it if you could **join** us.

ドゥー ユー ハvp**ラン**z ディs ウィーケンd？　ウィー ウッd**ラ**v イf ユー ジョイn ア s

☞ ここで重要なのはwould。willの過去形ですが、if節と組み合わせることで「もし…だったら、～するのですが」という「仮定」の意味になります。今回の場合は「もし参加してくれたら、大いに喜ぶのですが」、つまり「参加していただければ幸いです」というニュアンスになるのですね。英語では珍しい婉曲表現の1つです。

ダイアログをもう1度CHECK! 🎧 241

Rodney: I haven't been **exercising** recently. I have to do **something** about it.
（最近運動不足でして、何かしないといけないですね）

YOU: We're having a **golf** competition at our company **this** weekend.
（私達の会社では、今週末にゴルフコンペをしますよ）

Rodney: **Wow,** that's **great** your company does that.
（なんと、素晴らしい取り組みですね）

YOU: ❶ Why don't you **come**?
（あなたもお越しになりませんか?）

❷ You're **more** than welcome!
（あなたなら大歓迎です！）

❸ Do you have **plans** this weekend? We would **love** it if you could **join** us.
（週末に何かご予定はありますか?いらしていただければ幸いです）

Recommending Ways to Relax
休暇を勧める

忙しそうな様子の Rodney。
"You look busy these days（最近、お忙しそうですね）" と声をかけてみました。

I've had so many business trips recently. I'm so tired.

YOU
You're always working so hard. Have you been resting?

No, I have to work late, so I haven't been able to sleep much.

YOU 🗣 Say in English!
1️⃣ もっと休まれた方がいいですよ。
2️⃣ 温泉でリラックスされてはいかがですか？
3️⃣ ぜひマッサージを受けに行くことも考えてみてください。

Answer 1 You should rest **more.**

ユー シュッd レst **モア**

☞ should を使うと、「かなり強く」提案するニュアンスです（p.177参照）。ここでは長年の関係で親しい間柄のお客さんに「相手の体調を気遣う」目的で使っています（「お願いですから、そうしてくださいね」というニュアンス）。提案の度合いは変わりますが、I recommend that you rest more. / You may need to rest more. でも OK です。

Answer 2 How about **relaxing** at a hot **spring?**

ハゥ ァバウt リ**ラ**kスィンg アットア ホッtsp**リ**ンg?

☞ ここでは hot springs ではなく a hot spring と単数形になっていますね。つまり、「漠然とした温泉」ではなく「どこか特定の温泉一箇所」にぜひ行ってください…という、実はここにも労いのメッセージが込められています。

Answer 3 Maybe you should **consider** going for a **massage.**

メイビー ユー シュッd コン**スィ**ダー ゴーインg フォー ア マッサージ

☞ consider「熟慮する」「熟考する」。今回はより平たく「ゆっくり考えてみてください」という意味で用いています。

ダイアログをもう1度CHECK!

🎧 244

Rodney: I've had **so** many business trips recently. I'm so **tired.**
（最近出張が多くて、疲れが溜まってきています）

YOU: You're always working so **hard.** Have you been **resting?**
（いつもお忙しそうですね。休みはとられていますか？）

Rodney: **No,** I have to work **late,** so I haven't been able to **sleep** much.
（いえ、夜も遅くあまりしっかり休めていないんです）

YOU: ❶ You should rest **more.**
（もっと休まれた方がいいですよ）

❷ How about **relaxing** at a hot **spring?**
（温泉でリラックスされてはいかがですか？）

❸ Maybe you should **consider** going for a **massage.**
（ぜひマッサージを受けに行くことも考えてみてください）

Scene 5

Offering an Office Tour
社内のご案内を勧める

Rodney が働く会社も、
オフィスを新しくすることを検討しているようです。

Your new office is really great.

YOU
Thank you very much. Our employees are really enjoying it too.

1 2
3 4

We're thinking of moving or doing some renovations as well.

YOU 　　　　　🐾 Say in English!
❶ ご覧になっていかれますか？
❷ ご案内しますよ。少しでもヒントに
なればよいのですが。
❸ 素晴らしいです。設計を担当した
会社をご紹介いたしましょうか？

16 | Talking with a Customer

Answer 1 ▶ How about a **tour**?

ハゥ ァバゥt ア **トゥワー**？

☞ tour は旅行や巡業といった大がかりなものだけではなく、今回のような「見学」「視察」といった意味でも使います。

Answer 2 ▶ I will **show** you around. Maybe it can **give** you some **ideas**.

アィ ウィl **ショー** ユー ァラウンd　メイビー イッt キャn **ギ**v ユー サm アイ **ディ**ーァz

☞ ここでの it は「新オフィスを案内すること」。この文脈でヒントに「なる」は be/become ではなく give を使います。オフィスの見学それ自体がヒントに「なる」のではなく、それが参考になる、つまり気付きを「与える」ということなので give なんですね。

Answer 3 ▶ **Great**. Shall **I** introduce **you** to the **design company**?

g**レ**イt　シャl **ア**ィ イントロデュー s **ユー** トゥー ザ ディ**ザ**ィn **カ**ンパニー？

☞ Shall I ～?「～しましょうか?」。Shall は元々 "We shall be all alive.（私達は生き延びる運命にある）" のように「進むべき道・未来」を指し示す助動詞。疑問文にすることで、丁寧な「助力・勧誘」のニュアンスを表します。

🎧 247

ダイアログをもう1度CHECK!

Rodney: Your new office is really **great**.
（新しいオフィス、素敵ですね）

YOU: Thank you **very** much. Our **employees** are really **enjoying** it too.
（ありがとうございます。弊社の社員も大いに喜んでいます）

Rodney: We're thinking of **moving** or doing some **renovations** as well.
（私の会社も、そろそろ移転や改装を考えているんです）

YOU: ❶ How about a **tour**?
（ご覧になっていかれますか?）

❷ I will **show** you around. Maybe it can **give** you some **ideas**.
（ご案内しますよ。少しでもヒントになればよいのですが）

❸ **Great**. Shall **I** introduce **you** to the **design company**?
（素晴らしいです。設計を担当した会社をご紹介いたしましょうか?）

"Sounds good!" を「使わずに」表現
─パラフレーズの大切さ

よく使われる相づちの1つに、Sounds good!（いいね！）があります。相手の話に賛同するときや話を盛り上げるときなどに、広く使える万能なフレーズですね。ですが、この本で登場したフレーズにかぎっても、「いいね！」と言いたい時、決して Sounds good! だけを使っているわけではないですよね。

- Awesome!（素晴らしいね！）
- I'm glad to hear that.（それが聞けて嬉しいよ）
- Good for you!（良かったね！）

同じような状況でも、ネイティブはこうした様々な表現に言い換え、使い分けています（これを **paraphrase：パラフレーズ**といいます）。なぜわざわざこんなことをするのでしょうか。それは、1つの表現だけを使い続けることで、**「感情が込もっていない」**と相手に感じさせてしまわないようにするためです。言い換えれば、同じ言葉を使い続けると、会話相手にマイナスの印象を与えてしまう可能性があるということです。

例えば、Thank you for your understanding/cooperation.（ご理解、ご協力をお願い致します）という文。ビジネス文書などを中心にあまりにこの言葉が多用された結果、単なる定型表現と認識されています。このような表現を英語では、**cliche（決まり文句・言葉の形骸化）**（cliche という言葉の語源は英語ではなくフランス語なので、発音は**クリシェ**）と呼び、避けるべきことと考えられています。日本語だと社交辞令という言葉がより近いでしょうか。

「口には出しているけど、何の意味も目的もない」という言葉を英語はかなり嫌います。英会話を学習する際には、「1つの便利フレーズ」に固執せず、様々な表現を覚えて自在に使いこなせるようになると、表現の幅が広がるばかりでなく、相手の心に響く会話ができるようになるはずです。

（スパルタ英会話 篠田）

SPARTANGUE Twister

スパルタン・ツイスター

スパルタン・ツイスター ＝ 早口言葉 × フレーズ習得

　スパルタ英会話オリジナルの発音練習方法で、早口言葉（tangue twister）のように楽しみながら、会話でよく使う短いフレーズがすぐに口から出るようにトレーニングすることができます。（p.12参照）

▶ テーマ別

　全部で6つのテーマに分かれています。

1　First Step 基本のひとこと
2　Explanation 説明する
3　Expression 自分の感情や意見を伝える
4　Question 質問する
5　Reaction 相づち、反応、相手の話を広げる
6　Next Step 1歩進んだひとこと

　なお、それぞれのフレーズの長さや発音の難しさを踏まえ、★印で3段階の難易度を表記しています。（「20秒」は20秒で言い切る難易度、「フレーズ」は20のフレーズに含まれる語句や表現の難易度を示します）

▶ 20フレーズを20秒で言おう！

　各テーマ20のフレーズが用意されています。この「20フレーズを20秒で言い切る」というのが目標です。

音声を聞きながら、発音と意味を確認する
↓
発音に気をつけながら、20フレーズ声に出す
↓
読むスピードを少しずつ上げていく
↓
20フレーズ20秒〜25秒程度で10回言えるまで繰り返す

　スマホのストップウォッチ機能など、秒数を測れるものを準備して、さっそくやってみましょう！

→ Next page

First Step
基本のひとこと
20秒：★☆☆　フレーズ：★☆☆

	英文	和訳	Situation
1	Excuse me.	すみません。	1
2	Can you help me?	ちょっといいですか？	1
3	Where are you from?	どちらの出身ですか？	1
4	This is my ticket.	これが私のチケットです。	2
5	I see.	なるほど。	2
6	That sounds nice.	いいですね。	2
7	Copy me.	私の真似してみて。	3
8	It's great.	最高だよ。	3
9	What's that?	それは何？	3
10	I know.	そうだね。	4
11	Congrats!	おめでとう！	4
12	No problem.	いえいえ。	5
13	What day?	何曜日？	6
14	You're right!	そうだね！	7
15	How about you?	あなたは？	12
16	What happened?	どうしたの？	13
17	Good luck!	頑張ってね！	13
18	I want to go!	行きたいです！	15
19	Sure!	ええ！	15
20	I'm so tired.	かなり疲れています。	16

Explanation
説明する

20秒：★★★　フレーズ：★★☆

	英文	和訳	Situation
1	It is that way.	それならあちらですよ。	1
2	That's a big factor.	それは大きなポイントですね。	2
3	It's right there.	そこにありますよ。	2
4	It's like an airplane.	飛行機みたいですね。	2
5	The coffee is really famous.	コーヒーが名物だよ。	2
6	It's very popular.	とても人気なんだ。	3
7	It's a mixture of soda and whisky.	ソーダとウィスキーを混ぜたものだよ。	3
8	This one is older.	こっちの方が古いよ。	4
9	They're slightly different.	ちょっと違うんだよね。	4
10	Japanese seems difficult.	日本語は大変でしょう。	5
11	One lap is around 5 km.	一周は5キロくらいだよ。	7
12	For a while.	それなりですよ。	9
13	They're really pricey.	本当に高価なんです。	11
14	It got all wrinkly.	シワだらけになってしまって。	11
15	It's a 4-person band.	4人組のバンドですよ。	12
16	She loves Italian food.	彼女はイタリアンが好きなんだ。	13
17	It has two Michelin stars.	ミシュランで2つ星なんだ。	13
18	There are so many buildings.	建物がたくさんありますよ。	15
19	His side hobby is photography.	彼の趣味は写真なんです。	16
20	Even so, that's a great one.	それにしても素晴らしい。	16

Expression
自分の感情や意見を伝える
20秒：★☆☆　フレーズ：★☆☆

	英文	和訳	Situation
1	Let me help you.	手伝うよ。	1
2	I'll buy one.	一つ買ってみよう。	2
3	That's okay.	大丈夫だよ。	3
4	That's my favorite.	僕のお気に入りだよ。	3
5	Definitely!	もちろん！	5
6	It was my pleasure.	こちらこそ。	5
7	I want to get started.	私も始めてみたいんだ。	7
8	I'll try it.	やってみるよ。	7
9	I can't wait.	待ちきれないね。	7
10	I'm excited!	ワクワクする！	7
11	Not so much!	そんۄでもなかったよ！	8
12	Go for it!	どうぞ！	8
13	I'm glad I could talk to you!	私もお話できて嬉しかったです。	9
14	I need some help.	ちょっと助けが必要です。	11
15	I wonder why.	なんででしょう。	12
16	I changed my mind.	気分が変わった。	13
17	I'm free next Monday.	来週の月曜日なら空いてるよ。	14
18	I'd love to visit!	遊びに行ってみたい！	14
19	It'll be fine!	それなら大丈夫！	14
20	I will show you around.	お見せしますよ。	16

Question
質問する

20秒：★★★　フレーズ：★★☆

	英文	和訳	Situation
1	How can I help you?	どうしましたか？	1
2	How about "Roppongi Hills"?	六本木ヒルズはどうですか？	1
3	Do you want some help?	お手伝いしましょうか？	2
4	Where is the switch?	スイッチはどこですか？	2
5	Is it just for you?	一人用？	4
6	Are you alright?	大丈夫？	6
7	How has it been?	調子はどう？	7
8	Is this called sushi too?	これも寿司なの？	8
9	Can I take some?	ちょっと持っていっていい？	8
10	What have you tried?	何を食べましたか？	9
11	Was it expensive?	高かったの？	10
12	Why is that?	それはどうしてですか？	11
13	What kind for example?	例えばどんなもの？	11
14	Who did you come to see?	誰を観にいらしたんですか？	12
15	What's surf music?	サーフミュージックって何ですか？	12
16	What does she like?	彼女は何が好きなの？	13
17	Where are you living now?	今はどこに住んでるの？	14
18	What anime do you like?	好きなアニメは何？	15
19	Why don't you come?	君も来る？	16
20	Shall I introduce you to the company?	その会社を紹介しましょうか？	16

Reaction
相づち・反応・相手の話を広げる
20秒：★★☆　フレーズ：★★☆

	英文	和訳	Situation
1	Sounds like a good idea.	それはいい考えですね。	1
2	Do you recommend it?	それ、おすすめ？	3
3	Absolutely you can!	もちろんできるよ！	4
4	It's really good!	とてもいいですね！	5
5	That's no good!	ダメだよ！	6
6	What did you make?	何を作ったの？	8
7	Of course, why not?	もちろんだよ！	8
8	It's been going great.	いい感じです。	9
9	That's a great idea.	それはいいアイデアですね。	9
10	That's pretty bad.	それはひどいね。	10
11	That's crazy.	それはどうかしてるね。	10
12	How scary!	こっわ！	10
13	It didn't work?	ダメだったの？	10
14	That's rough.	大変だったね。	10
15	What did you get?	何を買ったの？	10
16	Do you have any ideas?	何か考えはあるの？	13
17	I'm so glad to hear that.	それは何よりだよ。	14
18	Is it for work?	仕事用？	14
19	Do you know any good spots?	どこかいい場所を知っていますか？	15
20	You should rest more.	もっと休まれたほうがいいですよ。	16

		Next Step 1歩進んだひとこと 20秒：★★☆　フレーズ：★★★		
		英文	和訳	Situation
1		I've been into sushi.	寿司にハマっちゃってさ。	5
2		I have a lot on my plate.	やることがいっぱいあって。	6
3		You didn't have to!	そんな必要なかったのに！	6
4		I don't know what to say.	言葉が見つからないよ。	6
5		You got really buff!	すごくたくましくなったね！	7
6		No wonder!	どうりで！	7
7		I pulled through.	やりきったよ。	8
8		Are you okay for time?	お時間、大丈夫ですか？	9
9		I can't believe the time.	もうこんな時間。	9
10		That sounds tough.	それは大変だったね。	10
11		You must have freaked out.	大変だったでしょ。	10
12		That sucks.	それは最悪。	10
13		It takes time and effort.	時間も手間もかかりますよ。	11
14		I can handle it.	できないことはないです。	11
15		It's been a while!	久しぶり！	14
16		Pretty good.	そこそこいい感じ。	14
17		Then I'm in!	それならのった！	14
18		I appreciate your visit.	ご足労いただき誠にありがとうございます。	16
19		We really lucked out.	幸運に恵まれました。	16
20		You're more than welcome.	大歓迎ですよ。	16

スパルタ英会話
都内を中心に教室を持つ「3ヶ月短期集中型」英会話教室。2014 年設立。

執筆者 　篠田陸（しのだ りく）
　　　　　Carmen Lum（カルメン・ラム）
　　　　　内海ちえ（うつみ ちえ）/ 中村研治（なかむら けんじ）
　　　　　加納暁（かのう さとる）/ 奥田瑛一（おくだ えいいち）
　　　　　掛川美里（かけがわ みさと）
　　　　　Justice Pitts（ジャスティス・ピッツ）
　　　　　Marilyn Sugiarto（マリリン・スギアルト）
協力 　梅澤翔（うめざわ しょう）/ 小茂鳥雅史（こもとり まさふみ）
　　　　　田井譲（たい ゆずる）...and all "Spartan" people.

3択！イメトレ英会話

2020 年 6 月 30 日　 第 1 刷発行

著者　　　　　　スパルタ英会話
発行者　　　　　天谷 修平
発行　　　　　　株式会社オープンゲート
　　　　　　　　〒 101-0051　東京都千代田区神田神保町 2-14
　　　　　　　　SP 神保町ビル 5 階
　　　　　　　　TEL：03-5213-4125　FAX：03-5213-4126
印刷・製本　　　株式会社ルナテック
イラスト　　　　二階堂ちはる
DTP・デザイン　 株式会社 鷗来堂

ISBN 978-4-9910999-9-1
©Sparta English 2020 OpenGate Printed in Japan